PLEIN POT BAC

Bac STT

Comptabilité et gestion

ncelet

Cette édition est présentée en euros. Les documents sont actualisés et les nouveautés en matière comptable, fiscale et sociale sont prises en compte.

FOUCHER

ISBN 2-216-08989-3

Avant-propos

Nous avons conçu cet ouvrage pour vous aider à **réussir le baccalauréat.**
Les **conseils méthodologiques** vous expliquent la spécificité de chaque épreuve et vous disent comment les aborder dans les meilleures conditions.
48 « **fiches révision** » vous rappellent, exemples à l'appui, les connaissances et techniques que vous devez maîtriser pour réussir les épreuves de comptabilité.
Vous désirez une synthèse à l'issue d'un cours ?
Vous avez oublié une technique étudiée quelques semaines auparavant ?
- Reportez-vous, après avoir consulté le sommaire détaillé, à la fiche consacrée à cette technique.
L'étude de cas de l'écrit au baccalauréat comprend quatre parties choisies, par les auteurs du sujet, parmi les six grandes parties du programme de première et terminale traitées dans nos fiches révision :

- opérations courantes ↔ **fiches 1 à 15 ;**
- opérations d'inventaire ↔ **fiches 16 à 27 ;**
- analyse comptable ↔ **fiches 28 à 34 ;**
- calcul des coûts ↔ **fiches 35 à 40 ;**
- gestion prévisionnelle ↔ **fiches 41 à 43 ;**
- informatique de gestion ↔ **fiches 44 à 48.**

Nous proposons un **entraînement** pour chaque partie ; il permet de contrôler la bonne acquisition de toutes les connaissances de la partie. Le **corrigé** de ces entraînements intègre de nombreuses **remarques méthodologiques** pour apprendre à bien lire l'énoncé, à exploiter les annexes, à bien comprendre la question posée, à présenter une solution claire, etc. Il renvoie, pour chaque question traitée, aux fiches révision correspondantes.

Révisez partie par partie !

- Étudiez les fiches de la partie, réalisez l'entraînement et analysez la correction.
- Ou, si vous vous sentez déjà bien préparé(e), commencez par l'entraînement, consultez la correction puis revoyez les fiches auxquelles renvoie ce corrigé si vous avez commis des erreurs.

Vous voulez, à quelques jours de l'examen, vous tester à travers **un bac blanc ?**
- Choisissez quatre entraînements et traitez-les en quatre heures (en sachant que les parties de l'examen seront plutôt plus courtes que nos entraînements) ; pour bien reproduire la structure de l'examen, retenez de préférence :

- opérations courantes ou opérations d'inventaire ;
- analyse comptable ;
- calcul de coûts ou gestion prévisionnelle ;
- informatique de gestion.

Si vous êtes capable de bien traiter les six entraînements, alors « **feu vert** » **pour le bac !**

Sommaire

Les épreuves de comptabilité au baccalauréat STT « Comptabilité et gestion »

Fiches révision

Partie I – Les opérations courantes

Partie II – Les opérations de fin d'exercice

Partie III – L'analyse comptable

Partie IV – Le calcul des coûts

Partie V – La gestion prévisionnelle

Partie VI – L'informatique de gestion

Entraînements

Les épreuves obligatoires du baccalauréat STT Comptabilité Gestion

PREMIER GROUPE D'ÉPREUVES – ÉPREUVES OBLIGATOIRES :

Fin du cycle de première – épreuves anticipées de français :

Français	écrit	4 heures	coefficient 2
Français	oral	20 minutes	coefficient 1

Fin du cycle de terminale :

Philosophie	écrit	4 heures	coefficient 2
Mathématiques	écrit	3 heures	coefficient 4
Langue vivante 1	écrit	2 heures	coefficient 2
Langue vivante 2	oral	20 minutes	coefficient 2
Histoire géographie	oral	20 minutes	coefficient 2
EPS	contrôle continu		coefficient 2
Économie et droit	écrit	3 heures	coefficient 8
Comptabilité et gestion			
Étude de cas	écrit	4 heures	coefficient 8
Épreuve pratique	oral	40 minutes	coefficient 6

Après délibération du jury à l'issue du premier groupe d'épreuves, les candidats ayant obtenu une note moyenne égale ou supérieure à 10 sont déclarés admis.
Les candidats dont la note moyenne est inférieure à 8 sont déclarés ajournés.
Les candidats qui ont obtenu une note au moins égale à 8 et inférieure à 10 sont autorisés à se présenter au second groupe d'épreuves.

SECOND GROUPE D'ÉPREUVES :

Après remise de la « collante » qui développe les résultats obtenus dans le premier groupe, le candidat choisit de repasser une ou deux épreuves afin d'obtenir la moyenne et d'être déclaré admis.
Compte tenu des coefficients, l'épreuve de comptabilité gestion ainsi que l'épreuve d'économie et droit sont souvent sélectionnées.
L'étude de cas au rattrapage est un oral de 20 minutes précédé d'une préparation de 40 minutes.
L'économie et droit au rattrapage consiste en un oral de 20 minutes.

Réussir l'étude de cas

Épreuve écrite du premier groupe Durée de 4 heures, coefficient de 8

Avant le début de l'épreuve, préparer le matériel (une montre, quatre couleurs de stylos, machine à calculer, tables de mathématiques financières, plan comptable...) et compléter l'en-tête des copies d'examen déposées sur votre table.

Lire attentivement le sujet et repérer les annexes.
Les différentes parties du sujet sont indépendantes.
Évaluer le temps à consacrer à chacune des parties. (Une solution possible est un calcul au « prorata temporis » à estimer selon le barème des points attribué à chaque partie.)
Traiter toutes les parties du sujet et dans chaque partie répondre à toutes les questions.
Ne pas perdre de temps à « fignoler » une question au détriment d'une autre.
Utiliser le brouillon pour poser calculs et réflexions puis rédiger les réponses directement sur la copie d'examen.
Séparer les différentes parties, la lecture de la copie sera plus facile.
Justifier clairement les calculs.
Écrire lisiblement et éviter les fautes d'orthographe.
Ne pas utiliser le crayon à papier.
Avant la remise de la copie d'examen, prendre le temps de relire le travail effectué et vérifier que les annexes à remettre à la correction sont bien toutes présentes.

La méthodologie pour chaque partie de l'épreuve est développée minutieusement dans les corrigés des entraînements proposés dans cet ouvrage.
Les conseils prodigués vous seront très précieux le jour de l'épreuve.

Convaincre lors de l'épreuve pratique

Oral d'une durée de 40 minutes et de coefficient 6

Préparation des supports

Vous avez sélectionné 9 à 12 travaux effectués pendant le temps de votre préparation :
- 4 ou 5 travaux de classe de première
- 5 à 7 travaux de terminale.

Présenter les travaux dans des pochettes différentes afin de ne pas les confondre.

Les fichiers contenus sur les disquettes de travail portent des noms.
Repérer à l'aide de leur nom les fichiers informatiques relatifs aux travaux édités sur papier.

Pendant l'épreuve

Le début de l'épreuve :
Le jury composé de deux professeurs est en possession de vos 9 à 12 feuillets de compte rendu d'activité et vous informe, au début de l'épreuve, du choix qu'il a opéré.
Sélectionner calmement les supports papier et la ou les disquettes relatives au dossier demandé.

Les 10 minutes d'exposé :
Situer le travail dans le contexte de l'entreprise utilisée en exemple.
Exposer les différents travaux à effectuer et présenter leur intérêt.
Indiquer les différents outils informatiques utilisés pour réaliser les tâches demandées.
Présenter les résultats obtenus et justifier l'intérêt de l'utilisation des moyens informatiques.

Expliquer les difficultés rencontrées pour accomplir le travail demandé et les enrichissements que vous a apportés la réalisation de ce dossier.

Pendant ces 10 minutes, le jury ne vous interrompra pas.
10 minutes, c'est long ! Entraînez-vous avec vos amis pour n'être ni trop en dessous ni trop au-dessus de ce laps de temps.

Les 30 minutes de l'interrogation :
Le jury vous questionne ensuite pendant 30 minutes.
Bien écouter les questions posées.
Répondre de façon précise à la question.
Éviter de ne s'adresser qu'à un seul des deux professeurs. Regarder l'un puis l'autre en formulant votre réponse.

C'est une épreuve orale : si vous êtes timide et effacé(e) vous savez que ce jour-là vous devrez faire un effort. Si vous êtes volubile, bavard(e), maîtrisez le flux et le débit de vos paroles, mieux vaut la qualité que la quantité !

Réussir l'oral de rattrapage

Oral de rattrapage
Durée de 20 minutes, coefficient de 8

Le résultat du premier tour des épreuves vous a conduit à l'oral de rattrapage.
Vous avez choisi de composer en étude de cas pour tenter d'obtenir une moyenne générale de 10/20.

Prévoir le même matériel aux épreuves écrites et orales pour l'étude de cas.

Les sujets d'oral sont composés de deux exercices choisis dans deux parties différentes du programme. Par exemple :
- une question relative à l'inventaire, une autre question sur la répartition des bénéfices ;
- une question comprenant des enregistrements de documents divers (factures, traites, avis bancaires), une autre question traitant des choix d'investissement ;
- une question abordant un sujet analytique et une autre question traitant des bases de données.

Les 40 minutes de préparation du sujet :
Préparer les réponses par écrit.
Reprendre les mêmes conseils méthodologiques que ceux donnés pour l'épreuve écrite :

Lire attentivement les deux parties et repérer les annexes.
« Réfléchir au brouillon » et travailler sur la copie.
Justifier les calculs.

Les 20 minutes de l'interrogation :
Exposer la solution et la justification des différents calculs.
Écouter attentivement les questions posées, puis répondre avec précision.
Une erreur de calcul n'est pas rédhibitoire, le raisonnement est plus important que le résultat.

ESSAYEZ DE RESTER SOURIANT.

Fiche révision

R 1 Établir une facture

La facture est un document rédigé par le fournisseur qui détaille à son client la vente ou le service effectué et le montant de la somme à payer.

Le net commercial
Il est égal au montant brut diminué des réductions commerciales. Le montant brut est calculé en multipliant les quantités par les prix unitaires.

Les réductions commerciales
Elles sont accordées au client par le fournisseur. On distingue :

- La remise, accordée au client qui commande une quantité importante.
- Le rabais, accordé au client lorsque la marchandise livrée ne correspond pas à la qualité commandée.
- La ristourne, accordée en fonction du volume du chiffre d'affaires.

La taxe sur la valeur ajoutée (TVA)
Les taux le plus couramment utilisés sont :

- Le taux réduit de 5,50 % qui concerne la plupart des produits alimentaires, les livres, les transports et les spectacles.
- Le taux normal de 19,60 % qui concerne les produits manufacturés tels que les vêtements, le matériel audio, les voitures, etc.
- La TVA est obtenue en multipliant le net commercial par le taux adéquat.

Les frais de transport
Les frais de transport sont à la charge du client.
L'expression franco de port signifie au contraire que le fournisseur garde les frais de transport à sa charge ; il ne les facture donc pas au client.

Les emballages
Le prix des emballages perdus (cartons, bouteilles en matière plastique) est compris dans celui de la marchandise (jus de fruits, eau).
Les emballages récupérables (bouteilles en verre, palettes de livraison) sont consignés par le fournisseur sur la facture en attendant que le client les rende.

Le net à payer
Le net à payer est obtenu en additionnant le net commercial, le transport, la TVA et les emballages consignés.
Les sommes reçues à titre d'avance et d'acompte avant la livraison doivent être déduites du net à payer.

MARTIN fabrique et vend des confitures.

MARTIN fournisseur

doit : **CLAUDIUS** client

Facture n° 56

Le 16/06/N

600 pots de confiture de fraises 900 pots de configure d'abricots 720 pots de confiture de pêches	560,00 720,00 636,00
MONTANT BRUT - remise 3 %	1 916,00 57,48
Premier net commercial - remise 7 %	1 858,52 130,10
NET COMMERCIAL **Transport**	**1 728,42** **120,00**
NET HORS TAXES **TVA 5,50 %** **Emballages consignés**	1 848,42 **101,66** **360,00**
NET À PAYER	**2 310,08**

En votre aimable règlement sous 30 jours.

Les remises de 3 % et de 7 %
sont calculées **successivement :**
57,48 = 1 916,00 × 3 %
130,10 = 1 858,52 × 7 %

MERCIER achète des conserves alimentaires et les revend en l'état.

MERCIER fournisseur

doit : **LAMI** client

Facture n° 789

Le 05/06/N

Désignation	Quantité	Prix unitaire brut	Taux de remise	Prix unitaire net	Montant
Cassoulets (lot)	2 000	7,20	15 %	6,12	12 240,00
Taboulés (lot)	1 000	5,30	10 %	4,77	4 770,00
			Net commercial		**17 010,00**
			Transport		**250,00**
			Net hors taxe		17 260,00
			TVA 5,50 %		**949,30**
			- Avance reçue sur commande		**– 4 000,00**
			Net a payer		**14 209,30**

L'avance est déduite pour le calcul du net à payer.

Facture à payer sous huitaine.

RETENEZ BIEN

La base de calcul de la TVA est constituée du net commercial éventuellement augmenté des frais de transport hors taxes. Les emballages en sont exclus.

Fiche révision

R 2 Enregistrer une facture de vente

La facture établie par le fournisseur déclenche l'enregistrement comptable de la vente et la constatation en contrepartie d'une créance sur le client.

Les comptes utilisés

Comptes débités	Comptes crédités
411 Clients	701 Ventes de produits finis 706 Prestations de services 707 Ventes de marchandises 7085 Port et frais accessoires facturés
4191 Clients, avances et acomptes reçus sur commandes	4196 Clients, dettes pour emballages consignés 44571 TVA collectée

Le compte de vente est choisi en fonction de l'activité, ainsi :

- l'entreprise transforme de la matière première, il s'agit alors d'une vente de produits finis ;
- l'entreprise achète des biens et les revend en l'état, c'est une vente de marchandises ;
- l'entreprise est prestataire de services.

Le compte « vente » est crédité pour le net commercial hors taxes.

Le montant hors taxes des frais de transport facturés est imputé au crédit du compte *7085 Port et frais accessoires facturés.*

En situation de fournisseur, l'entreprise utilise toujours, pour enregistrer la TVA, le compte *44571 TVA collectée.*
Le montant de la TVA est imputé au crédit du compte.

Le montant des emballages consignés est imputé au crédit du compte *4196 Emballages consignés.*

Le jour du versement d'une avance ou d'un acompte, le compte *4191 Clients, avances reçues* est crédité par le débit du compte banque.
Le jour de la comptabilisation de la facture, le compte *4191* est débité et donc soldé.

Le net à payer est imputé au débit du compte *411 Clients.*

Fiche révision
en pratique

Reprenons la facture de MERCIER étudiée dans la fiche 1, à laquelle ont été ajoutés des emballages.

MERCIER fournisseur

doit : **LAMI** client

Facture n°789
Le 05/06/N

Désignation	Quantité	Prix unitaire brut	Taux de remise	Prix unitaire net	Montant
Cassoulets (lot)	2 000	7,20	15 %	6,12	12 240,00
Taboulés (lot)	1 000	5,30	10 %	4,77	4 770,00
			Net commercial		**17 010,00**
			Transport		**250,00**
			Net hors taxe		17 260,00
			TVA 5,50 %		**949,30**
			Emballages consignés (4 palettes)		**200,00**
			- Avance reçue sur commande 15/05		**– 3 000,00**
			Net à payer		**15 409,30**

Facture à payer sous huitaine.

Journal de l'entreprise MERCIER

	15 mai		
512	Banque	3 000,00	
4191	Clients, avances et acomptes reçus		3 000,00
	Chèque n° 4377889 du client LAMI		
	5 juin		
411	Clients	15 409,30	
4191	Clients, avances et acomptes reçus	3 000,00	
707	Ventes de marchandises		17 010,00
7085	Ports et frais accessoires facturés		250,00
44571	TVA collectée		949,30
4196	Clients, emballages consignés		200,00
	Ma facture n° 789 à LAMI		

RETENEZ BIEN

La facture détermine clairement qui est le fournisseur et qui est le client. Il est nécessaire de bien étudier le document avant de le comptabiliser. Les rabais et les remises ne sont jamais comptabilisés sur une facture de vente.

3 Enregistrer une facture d'achat

La facture reçue permet l'enregistrement comptable de l'achat et, en contrepartie, l'enregistrement de la dette vis-à-vis du fournisseur.

Les comptes utilisés

Comptes débités	Comptes crédités
601 Achats stockés de matières premières 602 Achats stockés – Autres approvisionnements 602210 Combustibles 602210 Produits d'entretien 602610 Emballages perdus 602650 Emballages récupérables 606 Achats non stockés de matières et fournitures 606100 Fournit. non stockables (eau, énergie) 606400 Fournitures administratives 607 Achats de marchandises 6241 Transports sur achats 4096 Fournisseurs, créances pour emballages à rendre 44566 TVA déductible sur autres biens et services	401 Fournisseurs 4091 Fournisseurs, avances et acomptes versés sur commandes

Le compte d'achat est choisi en fonction de l'activité, ainsi :
- l'entreprise transforme de la matière première, c'est un achat de matière première ;
- l'entreprise achète et revend des biens en l'état, c'est un achat de marchandises.

En ce qui concerne les autres catégories d'achats, les libellés des comptes constituent une aide précieuse.
Le compte achat est débité pour le **net commercial hors taxes.**

Le montant hors taxes des frais de transport est imputé au **débit** du compte *6241 Transports sur achats.*

En situation de client, l'entreprise utilise toujours un compte de TVA déductible pour enregistrer le montant de la TVA. Dans le cadre d'une facture d'achat de biens et services, le compte *44566 TVA déductible sur ABS* est débité.

Le client rendra les emballages au fournisseur après la livraison.
Leur montant est imputé au débit du compte *4096 Fournisseurs, emballages à rendre.*

Le compte *4091 Fournisseurs, avances et acomptes versés* est crédité du montant de l'avance ou de l'acompte qui figure sur la facture.

Le **net à payer** est imputé au crédit du compte *401 Fournisseurs.*

Fiche révision
en pratique

L'entreprise RILET fabrique et vend des tables en pin et achète le bois à DIDIER LAURENT.

DIDIER LAURENT

doit : **RILET**

Facture n°42998

Le 12/05/N

Pin des landes	45 000,00
- remise 12 %	5 400,00
Net commercial	39 600,00
Transport	1 500,00
Net hors taxes	41 100,00
TVA 5,50 %	2 260,50
Emballages	1 200,00
Avances versées le 11/04	20 000,00
NET À PAYER	24 560,50

En votre aimable règlement sous quinzaine.

Journal de l'entreprise RILET

	11 avril		
4091	Fournisseurs, avances et acomptes versés	20 000,00	
512	Banque		20 000,00
	Chèque n° 386776 à Didier Laurent		
	12 mai		
601	Achats de matières premières	39 600,00	
6241	Transports sur achats	1 500,00	
44566	TVA déductible sur ABS	2 260,50	
4096	Fournisseurs, emballages à rendre	1 200,00	
4091	Fournisseurs, avance et acompte versés		20 000,00
401	Fournisseurs		24 560,50
	Facture n° 42998 de Didier Laurent		

RETENEZ BIEN

Le compte *Achat* est débité pour le net commercial.

Les remises et rabais ne sont jamais comptabilisés à partir d'une facture d'achat.

En situation de client, l'entreprise comptabilise la TVA dans un compte de TVA déductible.

4 Établir et enregistrer une facture d'avoir

L'avoir est un document comptable établi par le fournisseur qui détaille au client le montant à déduire du règlement des factures.

Les comptes utilisés

Dans la comptabilité d'un fournisseur	Dans la comptabilité d'un client
Comptes débités 70 (1, 6 ou 7) Ventes... 709 (1, 6 ou 7) Rabais, remises et ristournes accordés par l'entreprise 665 Escomptes accordés 44571 TVA collectée 4196 Clients, dettes pour emballages consignés **Comptes crédités** 411 Clients	**Comptes débités** 401 Fournisseurs **Comptes crédités** 60 (1, 2, 6 ou 7) Achats... 609 (1, 2, 6 ou 7) Rabais, remises et ristournes obtenus sur achats... 765 Escomptes obtenus 44566 TVA déductible sur ABS 4096 Fournisseurs, créances emb. à rendre

Les événements qui entraînent l'établissement d'une facture d'avoir sont :

Le retour de marchandise non conforme ou défectueuse.
La marchandise est facturée en AVOIR aux mêmes conditions que la facture de DOIT (remise, rabais, TVA).
Le retour de marchandise diminue le montant des ventes chez le fournisseur et diminue le montant des achats chez le client.

Les rabais, remises, ristournes hors factures (hors factures de DOIT).
Les réductions commerciales peuvent être accordées après l'établissement de la facture de DOIT. Elles figurent alors sans marchandise sur un AVOIR.
Les RRR hors factures sont comptabilisés dans les comptes suivants :
- *609 RRR obtenus sur achats* (créditeur) ;
- *709 RRR accordés par l'entreprise* (débiteur).

Le chiffre 9 en troisième position signifie que le compte est de sens contraire à sa classe.

Les escomptes de règlement sont accordés par le fournisseur au client qui paie au comptant. Les escomptes sont des réductions financières.
La TVA est calculée sur un AVOIR porteur d'un escompte financier.
Chez le fournisseur, le compte *665 Escomptes accordés* est débité.
Chez le client, le compte *765 Escomptes obtenus* est crédité.

La déconsignation des emballages. Le client a retourné les emballages consignés sur la facture de DOIT. Le fournisseur établit un AVOIR.
Le client crédite le compte *4096 Fournisseurs, créances pour emballages à rendre.*
Le fournisseur débite le compte *4196 Clients, dettes pour emballages consignés.*

Fiche révision
en pratique

L'entreprise CLAIRON achète et vend en l'état des horloges de précision.

CLAIRON

AVOIR : Bali

Avoir n°1889
Le 12/05/N

Retour de marchandises - remise 10 %	1 200,00 120,00
Net commercial TVA 19,60 %	1 080,00 211,68
Net à votre crédit	1 291,68

CLAIRON

AVOIR : Corentin

Avoir n°1890
Le 13/05/N

Rabais sur facture n° 458 TVA 19,60 %	560,00 109,76
Net à votre crédit	669,76

CLAIRON

AVOIR : Paula

Avoir n°1891
Le 14/05/N

Escompte pour paiement comptant facture n° 461 TVA 19,60 %	482,00 94,47
Net à votre crédit	576,47

CLAIRON

AVOIR : Mehdi

Avoir n°1892
Le 15/05/N

Retour d'emballages	270,00
Net à votre crédit	270,00

GRAND-LIVRE DE L'ENTREPRISE CLAIRON

707 Ventes de marchandises

Débit	Crédit
1 080,00	

Net commercial

44571 TVA collectée

Débit	Crédit
211,68	

Montant TVA

41103 Client Bali

Débit	Crédit
	1 291,68

Le montant TTC est porté au crédit du compte client

7097 RRR accordés

Débit	Crédit
560,00	

Ce compte de classe 7 est débité

41109 Client Corentin

Débit	Crédit
	669,76

44571 TVA collectée

Débit	Crédit
109,76	

Seuls les rabais, remises et ristournes sur un avoir doivent être comptabilisés.

665 Escomptes accordés

Débit	Crédit
482,00	

41115 Client Paula

Débit	Crédit
	576,47

44571 TVA collectée

Débit	Crédit
94,47	

CLAIRON est fournisseur, le compte de TVA utilisé est 44571 TVA collectée.

4196 Clt, emballages consignés

Débit	Crédit
270,00	

411005 Client Mehdi

Débit	Crédit
	270,00

La déconsignation des emballages ne comporte pas de TVA.

Retenez bien

Les libellés des comptes du plan comptable vous aident ; par exemple :

- le compte *765 Escomptes obtenus* est utilisé par un client ;
- le compte *609 RRR accordés* est utilisé par un fournisseur qui accorde une ristourne.

Fiche révision

R 5 Enregistrer les acquisitions d'immobilisations

Les immobilisations sont acquises pour être conservées durablement. L'actif immobilisé est la structure qui permet d'exploiter, de réaliser l'activité de l'entreprise.

Les comptes utilisés

Comptes débités	Comptes crédités
20 Immobilisations incorporelles 205 Concessions et droits similaires **21 Immobilisations corporelles** 211 Terrains 213 Constructions 215 Installations techniques, matériel et outillage industriels 2182 Matériel de transport 2183 Matériel de bureau et informatique 2184 Mobilier **27 Immobilisations financières** 271 Titres immobilisés 44562 TVA déductible sur immobilisations	238 Avances et acomptes versés sur commandes d'immobilisations 404 Fournisseurs d'immobilisations 405 Fournisseurs d'immo. effets à payer (pour l'utilisation du compte 405, voir fiche 7)

Le coût d'acquisition est égal au prix d'acquisition augmenté des frais.
Le prix d'acquisition est le prix de l'immobilisation diminué des réductions commerciales.
Les frais imputables au coût sont ceux de la mise en service de l'immobilisation : les frais de transport, d'installation, de montage.
Les frais non imputables sont les honoraires, les commissions et les charges financières qui sont comptabilisés dans des comptes de la classe 6.

Le coût d'acquisition (encore appelé valeur d'origine de l'immobilisation) est affecté au débit d'un compte de la classe 2.
Le coût d'acquisition d'une immobilisation doit être de 370 € ; en dessous, la valeur du bien est comptabilisé en charges.
La TVA sur immobilisations est affectée au débit du compte *44562 TVA déductible sur immobilisations* sauf lorsque la TVA n'est pas déductible, par exemple sur les véhicules de tourisme. Dans ce cas, le compte de l'immobilisation est débité du montant TTC.

En cas d'avances, le compte *238 Avances versées* est crédité à l'enregistrement de la facture.
Le net à payer est crédité au compte *404 Fournisseurs d'immobilisations.*

L'entreprise THIBAULT fabrique des chaussures. Le gérant, M. THIBAULT, a acquis un micro-ordinateur. Il vous communique la facture suivante :

MULTINFO DOIT : THIBAULT Facture n° 15574 Le 12/05/N	
Ordinateur	4 000,00
Frais d'installation	100,00
10 boîtes de CD ROM	100,00
Imprimante jet d'encre couleur	300,00
Logiciel COMPTAPRO	600,00
MONTANT NET HORS TAXES	5 100,00
TVA 19,60 %	999,60
- acompte versé à la commande	– 1 000,00
Net à payer	5 099,60
Traite n° 89 jointe à 30 jours.	

Coût d'acquisition = 4 100
Prix d'ordinateur 4 000,00
+ frais d'installation 100,00

Fournitures pour lesquelles une fiche de stock sera tenue

La valeur de l'imprimante est inférieure à 370 HT. Il faut la comptabiliser en classe 6

Le montant de la TVA doit être ventilée entre TVA sur ABS et TVA sur immobilisations

Journal de l'entreprise THIBAULT

	12/05/N		
2183	Matériel de bureau et informatique	4 100,00	
205	Concessions et droits similaires	600,00	
44562	TVA déductible sur immobilisations	921,20	
	(4 100 + 600) * 0.196		
60225	Fournitures de bureau stockées	100,00	
6064	Achats de fournitures administratives	300,00	
44566	TVA déductible sur ABS	78,40	
	(100 + 300) * 0.196		
238	Avances et acomptes versés		1 000,00
404	Fournisseur d'immobilisations		5 099,60
	Multinfo sa facture n° 15574		
	12/05/N		
404	Fournisseur d'immobilisations	5 099,60	
405	Effets à payer sur immobilisations		5 099,60

RETENEZ BIEN

La TVA sur les véhicules de tourisme n'est pas déductible : le compte « 2182 Matériel de transport » est débité du montant TTC de ces voitures.

Les comptes d'immobilisation sont débités des coûts d'acquisition.

Fiche révision

6 Enregistrer l'acquisition de titres

La gestion d'un portefeuille de titres acquis dans un but participatif ou dans un but spéculatif constitue pour l'entreprise détentrice de ces valeurs une activité à caractère financier.

Les comptes utilisés

Comptes débités		Comptes crédités
261	Titres de participation	512 Banque
271 ou 272	Titres immobilisés	
50	Valeurs mobilières de placement	
627	Services bancaires	
44566	TVA déductible sur ABS	

Les actions et les obligations sont les titres étudiés au programme de terminale STT CG.

L'action est un titre de propriété remis à une personne en échange de son apport dans une société qui lui donne droit :
- à une part des bénéfices : le dividende ;
- à un droit de vote ou de regard sur la gestion dans la société émettrice.

L'obligation est une valeur représentant un prêt qui donne droit :
- à un intérêt dont le taux est fixé par avance ;
- au remboursement à l'échéance.

Les dividendes (revenus des actions) et les intérêts (revenus des obligations) constituent pour l'entreprise actionnaire ou obligataire des revenus financiers comptabilisés au crédit du compte *764 Revenus des valeurs mobilières de placement.* Ces revenus sont parfois appelés coupons et figurent sur les relevés de comptes bancaires.

Les titres de participation sont comptabilisés au débit du compte :
261 Titres de participation. Ils sont détenus de façon durable et permettent de participer à la gestion de la société émettrice.

Les titres immobilisés sont comptabilisés au débit des comptes :
2711 Actions ou *2721 Obligations.*
Ils sont acquis de façon durable mais l'entreprise détentrice ne cherche pas à participer à la gestion de la société émettrice.

Les valeurs mobilières de placement sont comptabilisées au débit du compte *503 Actions.* Ce sont des titres acquis en vue de réaliser un gain à brève échéance donc achetés dans un but spéculatif.

Fiche révision
en pratique

L'entreprise GALÉO fabrique et vend des jouets en matière plastique. Elle décide de constituer un portefeuille de titres composés d'actions de la société TRANSITO dans laquelle elle souhaite participer aux décisions de gestion et de titres PÉTROLEUM acquis dans un but spéculatif.

BANQUE DE LA PLACE

AVIS DE DÉBIT : **GALÉO**
LE 14/05/N
Acquisition de titres :

Émetteurs de titres	**Quantité**	**Valeur**	**Total**
TRANSITO	500	40	20 000,00
PÉTROLEUM	25	80	2 000,00
	Valeur totale des titres acquis		22 000,00
	Commissions		990,00
	TVA 19,60 %		194,04
	Net à votre débit		**23 184,04**

La TVA est calculée sur les services bancaires seuls.

Journal de l'entreprise GALÉO

	14/05/N		
261	Titres de participation	20 000,00	
503	Actions	2 000,00	
627	Services bancaires	990,00	
44566	TVA déductible sur ABS	194,04	
512	Banque		23 184,04
	Avis de débit bancaire du 14/05		

RETENEZ BIEN

La TVA ne s'applique ni sur l'acquisition de titres ni sur les intérêts.

Au journal, le compte *512 Banque* est mouvementé pour le montant NET À VOTRE DÉBIT de l'avis bancaire.

7 Enregistrer la création des effets de commerce

La lettre de change est un document par lequel une personne appelée TIREUR demande à une personne appelée TIRÉ de bien vouloir payer la somme indiquée à une date nommée échéance, au profit du bénéficiaire.

Les comptes utilisés

Chez le tireur - bénéficiaire :
413 Effets à recevoir
411 Clients
Chez le tiré en règlement d'un achat enregistré en classe 6 :
401 Fournisseurs
403 Effets à payer
Chez le tiré en règlement d'une acquisition enregistrée en classe 2 :
404 Fournisseurs d'immobilisations
405 Fournisseurs d'immobilisations effets à payer

Le circuit de la lettre de change :

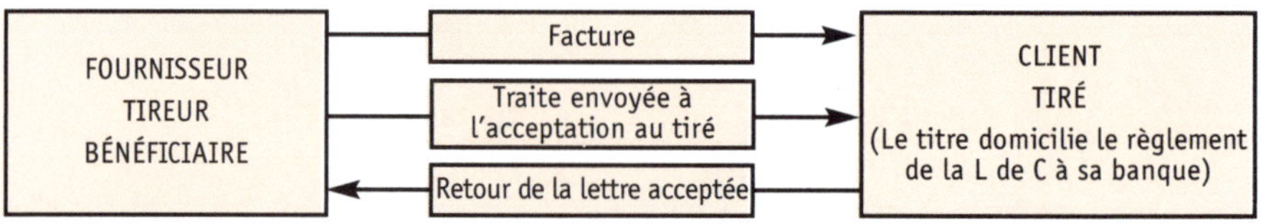

Le tireur est la personne qui établit la lettre de change.

Le tiré est la personne qui devra payer la valeur nominale de la lettre de change. Généralement, le tiré domicilie le paiement de la lettre de change à l'adresse de sa banque. Il utilise la partie DOMICILIATION de l'effet de commerce.

Le bénéficiaire est la personne qui encaissera la valeur nominale à l'échéance.

L'échéance est la date à laquelle le tiré doit payer le montant de la lettre de change. L'échéance est calculée soit à partir de la date d'émission :

- à 60 jours ; par exemple la date d'émission est le 06/05/N, l'échéance sera le 06/07/N

soit à partir de la fin du mois de la date d'émission :

- à 30 jours fin de mois, la date d'émission est le 06/05/N, l'échéance sera le 30/06/N.

Retenez bien

Une lecture soigneuse du document vous permet de choisir correctement les comptes :
- en situation de bénéficiaire, une entreprise possède un effet à recevoir ;
- en situation de tiré, une entreprise accepte un effet à payer.

Fiche révision *en pratique*

L'entreprise GAYOLLE fabrique et vend du papier.
Elle reçoit sa traite acceptée par son client MEYER.

TIREUR — Date d'émission — Date d'échéance — Bénéficiaire, en général le tireur — Valeur nominale

GAYOLLE
12 rue de Reims
51200 ÉPERNAY

Contre cette LETTRE DE CHANGE
stipulée SANS FRAIS
veuillez payer la somme indiquée
ci-dessous à l'ordre de : nous-même

Montant pour contrôle : 3 500,00
LE : Date de création : 05/05/N
ÉCHÉANCE : 30/06/N
LCR seulement — € MONTANT : 3 500,00

R.I.B. du tiré : Code étab. | Guichet | N° de compte | Clé

DOMICILIATION : BNP Melun

NOM ET ADRESSE du TIRÉ : MEYER, 1 rue des Peupliers, 77000 MELUN

Valeur en : Marchandises

Signature : Gayolle

N° 658

Meyer

ACCEPTATION OU ~~AVAL~~

Tiré

Lieu de paiement de la traite : banque du tiré

Grand-livre de l'entreprise GAYOLLE

701 Ventes de produits finis
Crédit : 2 926,42 Facture

44571 TVA Collectée
Crédit : 573,58 Facture

411 CLIENTS
Débit : 3 500 Facture — Crédit : 3 500

413 Effets à recevoir
Débit : 3 500

Traite 658

Elle accepte une traite de son fournisseur DUPUY.

DUPUY
3 rue de Toulouse
75009 PARIS

Contre cette LETTRE DE CHANGE
stipulée SANS FRAIS
veuillez payer la somme indiquée
ci-dessous à l'ordre de : moi-même

Montant pour contrôle : 2 500,00
LE : Date de création : 07/05/N
ÉCHÉANCE : 07/06/N
LCR seulement — € MONTANT : 2 500,00

R.I.B. du tiré : Code étab. | Guichet | N° de compte | Clé

DOMICILIATION : B.R.E.D. Epernay

NOM ET ADRESSE du TIRÉ : Gayolle, 12 rue de Reims, 51200 Épernay

Valeur en : Marchandises

Signature : Dupuy

N° 76

Gayolle

ACCEPTATION OU ~~AVAL~~

Grand-livre de l'entreprise GAYOLLE

601 Achats de matières prem.
Débit : 2 090,30 Facture

44566 TVA déductible sur ABS
Débit : 409,70 Facture

401 FOURNISSEURS
Débit : 2 500 — Crédit : 2 500 Facture

403 EFFETS À PAYER
Crédit : 2 500

Traite n°76

Fiche révision

R 8 Enregistrer le règlement des effets de commerce

Le règlement des effets de commerce est effectué par l'intermédiaire des banques, celle du bénéficiaire et celle du tiré.

Les comptes utilisés

Comptes débités		Comptes crédités	
L'effet est remis à l'encaissement Le jour de la remise de l'effet en banque :			
5113	Effets à l'encaissement	413	Clients, effets à recevoir
À la réception de l'avis de crédit :			
627 44566 512	Services bancaires TVA déductible sur ABS Banque	5113	Effets à l'encaissement
L'effet est escompté par la banque Le jour de la remise à l'escompte :			
5114	Effets à l'escompte	413	Clients, effets à recevoir
À la réception de l'avis de crédit :			
627 44566 661 512	Services bancaires TVA déductible sur ABS Charges d'intérêts Banque	5114	Effets à l'escompte

La remise de l'effet à l'encaissement

Une dizaine de jours avant l'échéance, le bénéficiaire remet l'effet à sa banque afin que cette dernière, par le jeu de la compensation entre les banques, recouvre le montant de la lettre de change auprès de la banque du tiré, généralement indiquée dans la domiciliation.

Quelques jours après l'échéance, le bénéficiaire est normalement informé par un avis de crédit que le montant de la traite a été porté sur son compte, diminué des commissions bancaires et de la TVA.

La remise de l'effet à l'escompte

En cas de problèmes de trésorerie, l'entreprise peut avant l'échéance disposer du montant de ses effets à recevoir. Elle négogie (vend) sa lettre de change à sa banque qui accepte de l'escompter (l'acheter).

La banque calcule, outre des commissions, des intérêts sur la base :

Intérêts = Valeur nominale × Taux × Nombre de jours / 360.

Le nombre de jours est calculé de la date de remise à l'escompte jusqu'à la date de l'échéance.

Fiche révision
en pratique

L'entreprise GAYOLLE négocie la lettre de change n° 658 présentée fiche 7.

Verso de la lettre de change n° 658

Veuillez payer cette lettre de change
à l'ordre de la BRED Épernay.
Valeur à l'escompte.

Le 10/05/N
Gayolle

B.R.E.D. Épernay

AVIS DE CRÉDIT

Le 13/05/N Gayolle

Valeur nominale de la traite escomptée le 10/05	3 500,00
- Commissions hors taxes	15,00
- TVA 19,60 %	2,94
- Intérêts 8,5 %	42,15
Net à votre crédit	3 439,91

Journal de GAYOLLE

	10/05/N		
5114	Effets à l'escompte	3 500,00	
413	Effets à recevoir		3 500,00
	Effet n° 658 négocié		

Calcul de l'escompte :
date de remise à l'escompte : 10/05/N
date d'échéance : 30/06/N
51 jours séparent ces deux dates.
Intérêts = 3 500 × 8,5 % × 51/360 = 42,15

	13/05/N		
512	Banque	3 439,91	
627	Services bancaires	15,00	
44566	TVA déduct. s/ABS	2,94	
661	Charges d'intérêts	42,15	
5114	Effets à l'escompte		3 500,00
	Avis de crédit BRED		

Le compte *5114* est maintenant soldé.

L'entreprise GAYOLLE a domicilié la lettre de change n° 76 à la B.R.E.D. Épernay

B.R.E.D. Épernay

AVIS DE DÉBIT

Le 13/06/N Gayolle

Effet domicilié échu tireur : DUPUY	2 500,00
Net à votre débit	2 500,00

	10/06/N		
403	Effets à payer	2 500,00	
512	Banque		2 500,00
	Avis de débit BRED		

Le compte *403 Effets à payer* est maintenant soldé (voir fiche 7).

RETENEZ BIEN

Les comptes *5113 Effets à l'encaissement* et *5114 Effets à l'escompte* sont toujours mouvementés pour la valeur nominale des effets de commerce.

La TVA n'est pas calculée sur les intérêts, mais sur les commissions.

9 Établir et enregistrer une déclaration de TVA

La taxe sur la valeur ajoutée est un impôt indirect dont la collecte puis le versement à l'État sont assurés par les entreprises.

Les comptes utilisés

Comptes débités		Comptes crédités	
44571	TVA collectée	44566	TVA déductible sur ABS
44567	Crédit de TVA à reporter	44562	TVA déductible sur immobilisations
		44567	Crédit de TVA à reporter
		44551	TVA à décaisser
		758	Produits divers de gestion courante
		658	Charges diverses de gestion courante

Pendant le mois de mai, l'entreprise MARCHALL a :
- crédité son compte *TVA collectée* pour un montant total de 45 418,52 € (voir fiche 2) ;
- débité son compte *TVA déductible sur ABS* pour un montant total de 18 491,71 € (fiche 3) ;
- débité son compte *TVA déductible sur immobilisations* pour un montant de 1 298,90 € (fiche 5) ;
- son compte *44567 Crédit de TVA à reporter* est débiteur de 4 175,00 €.

Sur la déclaration mensuelle de TVA, les sommes doivent être arrondies :
- à l'euro le plus proche pour la TVA collectée (45 419 pour 45 418,52) ;
- à l'euro le plus proche pour les TVA déductibles (18 492 pour 18 491,71).

La TVA due pour un mois est égale à :

TVA collectée – TVA déductible – crédit de TVA du mois précédent.

Si le résultat de ce calcul est positif, l'entreprise génère de la **TVA à décaisser.**
Si le résultat de ce calcul est négatif, l'entreprise génère pour le mois de traitement un **crédit TVA à reporter** sur le mois suivant.

L'entreprise MARCHALL établit la déclaration de TVA page ci-contre.

Journal de l'entreprise MARCHALL.

44571	TVA collectée	45 418,52	
44566	TVA déductible sur ABS		18 491,71
44562	TVA déductible sur immobilisations		1 298,90
44567	Crédit de TVA à reporter		4 175,00
44551	TVA à décaisser		**21 453,00**
758	Produit divers de gestion courante déclaration de TVA du mois de mai		0,81

La loi n° 78-17 du 6 janvier 1978 modifiée relative à l'informatique, aux fichiers et aux libertés, garantit aux déclarants un droit d'accès et de rectification pour les données les concernant auprès du centre des impôts dont ils relèvent.

A MONTANT DES OPÉRATIONS RÉALISÉES

	OPÉRATIONS IMPOSABLES (H.T.)				OPÉRATIONS NON IMPOSABLES		
01	Ventes, prestations de services		231 730	04	Exportations hors CE	0032	
02	Autres opérations imposables			05	Autres opérations non imposables	0033	
03	Acquisitions intracommunautaires (dont ventes à distance et/ou opérations de montage :)	0031		06	Livraisons intracommunautaires	0034	
				07	Achats en franchise	0037	

B DÉCOMPTE DE LA TVA À PAYER

	TVA BRUTE		Base hors taxe	Taxe due
	Opérations réalisées en France métropolitaine			
08	Taux normal 19,6 %	0206	231 730	45 419
09	Taux réduit 5,5 %	0105		
9 B				
	Opérations réalisées dans les DOM			
10	Taux normal 8,5 %	0201		
11	Taux réduit 2,1 %	0100		
12				
	Opérations imposables à un autre taux (France métropolitaine ou DOM)			
13	Ancien taux	0900		
14	Opérations imposables à un taux particulier (décompte effectué sur annexe 3310 A)	0950		
15	TVA antérieurement déduite à reverser	0600		
16	**Total de la TVA brute due (lignes 08 à 15)**			45 419
17	**Dont TVA sur acquisitions intracommunautaires**	0035		
18	**Dont TVA sur opérations à destination de Monaco**	0038		

La ligne 11 ne concerne que les DOM. Les autres opérations relevant du taux de 2,1 % continuent d'être déclarées sur l'annexe 3310 A.

	TVA DÉDUCTIBLE		
19	Biens constituant des immobilisations	0703	1 299
20	Autres biens et services	0702	18 492
21	Autre TVA à déduire	0059	
22	Report du crédit apparaissant ligne 27 de la précédente déclaration *(À convertir si ce crédit est en francs et votre déclaration en euros)*	8001	4 175
23	*Indiquer ici le pourcentage de déduction applicable pour la période s'il est différent de 100 %* ... %		
24	**Total TVA déductible (lignes 19 à 22)**		23 966

	CRÉDIT				TAXE À PAYER		
25	Crédit de TVA (ligne 24 – ligne 16)	0705		28	TVA nette due (ligne 16 – ligne 24)		21 453
26	Remboursement demandé sur formulaire n° 3519 joint	8002		29	Taxes assimilées calculées sur annexe n° 3310 A	9979	
27	Crédit à reporter (ligne 25 – ligne 26) *(Cette somme est à reporter ligne 22 de la prochaine déclaration)*	8003		30	Sommes à imputer y compris acompte congés	9989	
				31	Sommes à ajouter y compris acompte congés	9999	
	Attention! Une situation de TVA créditrice (ligne 25 servie) ne dispense pas du paiement des taxes assimilées déclarées ligne 30.			32	**Total à payer (lignes 28 + 29 – 30 + 31)** *(N'oubliez pas de joindre le règlement correspondant)*		21 453

Si vous réalisez des opérations intracommunautaires, pensez à la déclaration d'échanges de biens à souscrire auprès de la Direction Générale des Douanes et des Droits indirects (Cf. notice de la déclaration CA3)

Retenez bien

Les comptes de TVA collectée et déductible sont mouvementés pour leur montant exact au cent près. Après la comptabilisation de la déclaration, ils sont soldés.

La différence due aux arrondis est mouvementée au crédit du compte *758 Produits divers de gestion courante*, ou au débit du compte *658 Charges diverses de gestion courante*.

R 10 Analyser la réciprocité des comptes bancaires

L'entreprise informe la banque des opérations qu'elle effectue en établissant des documents tels que les chèques, les bordereaux ou les autorisations de prélèvement. La banque informe l'entreprise de la date des mouvements effectués sur son compte par le biais d'avis de débit ou de crédit et par l'envoi au moins une fois par mois d'un extrait de compte.

Les soldes de fin de période (généralement le mois) ne sont pas égaux dans la comptabilité de l'entreprise et dans la comptabilité de la banque.

L'ENTREPRISE ENREGISTRE CERTAINES OPÉRATIONS AVANT LA BANQUE

Lorsque l'entreprise émet un chèque, elle crédite le jour même son compte banque. Elle devance la banque qui ne connaîtra cette opération que le jour de la remise à l'encaissement par le bénéficiaire.
(Rappel : le bénéficiaire d'un chèque dispose d'un an pour l'encaisser.)

LA BANQUE ENREGISTRE D'AUTRES OPÉRATIONS AVANT L'ENTREPRISE

- les agios calculés par la banque ;
- les coupons de valeurs mobilières de placement généralement encaissés par la banque au profit du compte de l'entreprise ;
- les virements effectués au profit de l'entreprise ;
- les encaissements et les règlements d'effets de commerce effectués généralement par l'intermédiaire des banques du tiré et du bénéficiaire.

DES ERREURS SONT PARFOIS COMMISES

On considère, par hypothèse, que les erreurs sont commises dans la comptabilité de l'entreprise.

Les sommes portées au débit du compte banque tenu dans l'entreprise se retrouvent au crédit de l'extrait de compte envoyé par la banque.
Les sommes portées au crédit du compte banque tenu dans l'entreprise se retrouvent au débit de l'extrait bancaire.
Après pointage la différence entre la somme exacte et la somme erronée est portée sur un état de rapprochement.

RETENEZ BIEN

La lecture attentive des documents permet d'identifier :
- l'extrait de compte envoyé par la banque dont le nom figure sur l'en-tête ;
- le compte banque tenu par l'entreprise dont le numéro commence par *512 Banque*.

HÉLIOS est une bijouterie qui possède un compte à la BANQUE DU COIN.

État de rapprochement au 30/04/N

Chez HÉLIOS 512 Banque			À la banque Compte HÉLIOS		
Solde à rapprocher	**21 349,25**		**Solde à rapprocher**		**10 848,25**
Virement NAUDIN	600,00		Versement espèces		13 500,00
Frais de tenue de compte		120,60	Chèque 874131	1 702,18	
			Chèque 874129	817,42	
Solde rapproché	**21 828,65**		**Solde rapproché**		**21 828,65**

BANQUE DU COIN

$

HÉLIOS
77140 Nemours

Compte n° 1456 7498

Solde créditeur au 01/05/N			**10 848,25**
01/05	Versement d'espèces		13 500,00
05/05	Chèque n° 874131	1 702,18	
06/05	Chèque n° 874129	817,42	
07/05	Chèque n° 874132	1 137,71	
08/05	Domiciliation EDF	561,29	
09/05	Versement d'espèces		3 000,00
10/05	Effets domiciliés échus	3 207,71	
11/05	Virement BATIMÈTRE		915,37
12/05	Effets escomptés		21 916,60
12/05	Agio effets escomptés (Intérêts : 263,62, commission HT : 85,00)	365,28	
13/05	Virement MIREMONT		5 312,40
15/05	Domiciliation téléphone	2 719,75	
20/05	Chèque n° 874133	8 232,00	
22/05	Encaissement de coupons		421,20
26/05	Remise de chèques		21 231,50
	Total des mouvements	**18 743,34**	**66 297,07**
	Solde au 31/05/N		**58 401,98**

Les soldes de début de période ne sont pas égaux. Le solde de l'extrait doit être rapproché :

10 848,25
+ 13 500,00
− 1 702,18
− 817,42
= 21 828,65

Toutes ces sommes peuvent être pointées.

512000 Banque

Dates	Libellés	Débit	Crédit	Solde
01/05/N	Solde reporté			**21 828,65**
05/05/N	Chèque n° 874132 BIGOT		1 173,71	20 654,94
06/05/N	Chèque n° 874133 VALY		8 232,00	12 422,94
08/05/N	Dépôts espèces de caisse	3 000,00		15 422,94
10/05/N	Effet 890 escompté	21 916,60		37 339,54
17/05/N	Prélèvement téléphone		2 719,75	34 619,79
19/05/N	Chèque n° 874134 PORAT		25 328,40	9 291,39
25/05/N	Remise de chèques	21 231,50		30 522,89
27/05/N	Chèque n° 874135 FRAIN		4 951,86	25 571,03

Fiche révision

R 11 Établir un état de rapprochement bancaire

À la fin de chaque mois, l'entreprise compare le solde de son compte banque avec le solde qui figure sur l'extrait de compte. Ces deux soldes ne sont pas égaux pour les raisons développées dans la fiche 10.
L'état de rapprochement doit être établi, puis les écritures comptabilisées par l'entreprise.

Voici une démarche possible pour effectuer l'état de rapprochement bancaire :

1°) Inscrire sur le tracé de l'état les soldes à rapprocher, soit les soldes de fin de période.

2°) Rapprocher les soldes de début de période :
En fin de mois précédent, l'entreprise a corrigé son solde bancaire puisqu'elle a comptabilisé les écritures relatives à l'état de rapprochement. Le solde initial à rapprocher est donc celui qui figure sur l'extrait bancaire.
(Pour l'exemple, se reporter à la fiche 10.)

3°) Les sommes doivent être pointées sur le compte et sur l'extrait en comparant les sommes des colonnes :
- débit du compte 512 avec le crédit de l'extrait ;
- crédit du compte 512 avec le débit de l'extrait.

Les libellés sont vérifiés en même temps que les sommes pointées.

4°) Reporter les sommes qui n'ont pas été pointées dans le tracé de l'état de rapprochement.
En cas de somme erronée, seul le montant de l'erreur sera porté dans la partie « dans l'entreprise compte *512 Banques* » de l'état de rapprochement.
En cas d'effets encaissés ou escomptés lorsque la banque a comptabilisé le montant net et que l'entreprise a comptabilisé la valeur nominale de l'effet, seul le montant des agios est porté au crédit du compte *512 Banques*.

5°) Calculer les soldes rapprochés.

6°) Enregistrer au journal de l'entreprise les écritures relatives à l'état de rapprochement.

Retenez bien

En cas de différence sur un montant, on considère par hypothèse que la banque donne la somme juste.

Les opérations qui permettent de comptabiliser les écritures relatives à l'état de rapprochement sont celles qui figurent dans la partie « dans l'entreprise *512 Banques* ».

L'entreprise HÉLIOS établit son état de rapprochement au 31/05/N.

État de rapprochement au 31/05/N

Chez HÉLIOS 512 Banque			À la banque compte HÉLIOS		
Libellés	**Débits**	**Crédit**	**Libellés**	**Débits**	**Crédit**
Solde à rapprocher	**25 571,03**		**Solde à rapprocher**		**58 401,98**
Domiciliation EDF		561,29	Chq 874134	25 328,40	
Effets échus		3 207,71	Chq 874135	4 951,86	
Virement Batim	915,37				
Agio escompte		365,28			
Virement Mirem	5 312,40				
Intérêts encaiss.	421,20				
Erreur chq 874132	36,00				
Solde rapproché		**28 121,72**	**Solde rapproché**	**28 121,72**	
Totaux	32 256,00	32 256,00	Totaux	58 401,98	58 401,98

Écritures relatives au rapprochement bancaire :
Seules les opérations portées dans la partie « Chez Hélios 512000 Banque » doivent être comptabilisées.

Journal d'HÉLIOS

L'agio de 365,28 € est comptabilisé de la façon suivante :
85 € en services ;
16,66 € en TVA ;
263,62 € en intérêts.

	31/05/N		
401000	Fournisseurs	561,29	
403000	Effets à payer	3 207,71	
627000	Services bancaires (commissions HT)	85,00	
445660	TVA déd./Abs (85,00 × 19,60 %)	16,66	
661000	Intérêts (intérêt remise escompte)	263,62	
512000	Banque		**4 134,28**
	Suiv. détails état de rapprochement		
	31/05/N		
512000	Banque	**6 684,97**	
411000	Clients (virements des clients Batimètre et Miremont)		6 227,77
764000	Revenus des VMP		421,20
401000	Fournisseurs (chèque à l'ordre du fournisseur Bigot)		36,00
	Suiv. détails état de rapprochement		

Il y a eu inversion de chiffres lors de la comptabilisation du chèque 874132 ;
le montant réel du chèque est de 1 137,71.
L'erreur est donc de : 1 173,71 − 1 137,71 = 36,00.

R 12 Établir un bulletin de paie

Le bulletin de paie est un document établi par l'employeur qui détaille au salarié le calcul du net à payer en contrepartie du travail effectué et l'ensemble des cotisations salariales et patronales. En général, le salaire est calculé et payé mensuellement.

Le salaire brut se compose :

- des heures rémunérées au taux normal, décomptées de la façon suivante : 35 heures par semaine ;
- des heures supplémentaires rémunérées à 125 % à partir de la trente-sixième et jusqu'à la quarante-troisième heure par semaine ;
- des heures supplémentaires rémunérées à 150 % à partir de la quarante-quatrième heure par semaine ;
- des primes, qui récompensent le salarié de son rendement par exemple.

Les cotisations salariales sont directement prélevées du salaire pour alimenter les caisses des divers organismes sociaux.

- L'URSSAF (Union pour le Recouvrement des cotisations de Sécurité Sociale et d'Allocations Familiales) gère les prestations liées à la maladie, au veuvage, à la vieillesse, aux accidents du travail.
- La CSG (Contribution Sociale Généralisée) et le RDS (Remboursement de la dette sociale) sont versés à l'URSSAF. Toutefois, ce ne sont pas des cotisations salariales, mais ils constituent un impôt direct prélevé à la source (directement sur le salaire).
- Les ASSEDIC (Associations pour l'emploi dans l'industrie et le commerce). Cet organisme gère l'assurance chômage, le fonds de garantie des salaires.
- Les caisses de retraite complémentaire.
  Il faut distinguer les caisses de non-cadres (ARRCO par exemple) des caisses de cadres (ARRCO et AGIRC par exemple).

Le net imposable sert de base au calcul de l'impôt sur le revenu en fin d'année. Il est égal à :

Salaire brut – Cotisations salariales + CSG non déductible.

Le net à payer est le montant que recevra le salarié en fin de mois. Il est égal à :

Salaire brut – Cotisations salariales + Indemnités – Acomptes.

Les indemnités sont des sommes versées au salarié en compensation des frais de transport par exemple, les acomptes sont des sommes versées en cours de mois à la demande du salarié.

Les cotisations patronales sont précisées sur le bulletin à titre indicatif.

Fiche révision

en pratique

BULLETIN DE PAIE

COIFBIEN **1 rue du château** **77140 NEMOURS** **N° SIRET 528272330000** **Code APE : 513 D URSSAF : Melun**	PÉRIODE DE PAIE : 01/05/N au 31/05/N Madame LINE Carole 11 rue des champs 77210 AVON

INTITULÉ DE LA LIGNE	BASE	SALARIÉ			PART PATRONALE	
		Taux	Gains	Retenues	Taux	Cotisations
Forfait mensuel			2 000,00			
Prime d'ancienneté			100,00			
TOTAL BRUT			**2 100,00**			
SS Maladie	2 100,00	0,75		15,75	12,80	268,80
SS Veuvage	2 100,00	0,10		2,10		
SS Vieillesse	2 100,00	6,55		137,55	8,20	172,20
SS FNAL	2 100,00				0,10	2,10
SS Allocations familiales	2 100,00				5,40	113,40
SS Vieillesse déplafonnée	2 100,00				1,60	33,60
SS Accident du travail	2 100,00				1,30	27,30
Assurance chômage tranche A	2 100,00	2,21		46,41	3,97	83,37
Assurance chômage tranche B		2,71			3,97	
ASSEDIC fonds de garantie	2 100,00				0,15	3,15
ASSEDIC ASF tranche A	2 100,00	0,80		16,80	1,16	24,36
ASSEDIC ASF tranche B		0,89			1,29	
Retraite non cadre	2 100,00	3,00		63,00	4,50	94,50
Prévoyance non cadre	2 100,00	0,25		5,25	1,00	21,00
CSG déductible	1 995,00	5,10		101,75		
TOTAL RETENUES				**388,61**		**843,78**
NET FISCAL			**1 711,39**			
Contribution Sociale Généralisée	1 995,00	2,40		47,80		
Remboursem. de la dette sociale	1 995,00	0,50		9,98		
RÉMUNÉRATION NETTE			**1 653,61**			
Prime de transport						
Retenues : acompte				150,00		
NET A PAYER			**1 503,61**			

N° Sécurité sociale : 262075123003712	Cumul net fiscal :	8 556,95
Date d'entrée : 01/09/N-10	Congés payés droit acquis :	27,00
Nature salarié : Technicienne	Congés payés reste à prendre :	20,00
	Nombre d'heures repos compensateur acquises :	0,00
	Repos compensateur à prendre (en heures) :	0,00

Retenez bien

Lorsque le salaire brut est supérieur au plafond, une partie des cotisations est calculée sur le salaire brut, une autre partie est calculée sur le plafond (tranche A) et d'autres sont calculées sur la tranche B (salaire brut – plafond).

La base de calcul de la CSG et du RDS est égale à 95 % du salaire brut.

Le coût de l'emploi est égal au salaire brut augmenté des cotisations patronales.

R 13 Enregistrer les charges de personnel

Fiche révision

Pour l'entreprise, les salaires génèrent deux catégories de charges différentes :
- des charges liées à la rémunération du personnel ;
- des charges patronales calculées sur les salaires.

Les comptes utilisés

641	Rémunérations du personnel	débité du salaire brut + indemnités
645	Charges de Sécurité sociale	débité des cotisations patronales
421	Personnel, rémunérations dues	
431	Sécurité sociale	Ces comptes sont crédités des retenues salariales et des charges patronales
437	Autres organismes sociaux	
425	Personnel, avances et acomptes	

Le montant du salaire brut est imputé :
- au débit du compte *641 Rémunérations du personnel ;*
- au crédit du compte *421 Personnel, rémunérations dues.*

Le montant des cotisations salariales ainsi que les montants de la CSG et du RDS sont imputés :
- au débit du compte *421 Personnel, rémunérations dues ;*
- au crédit des comptes *431 et 437 Organismes sociaux.*

Les montants de la CSG et du RDS sont imputés dans le compte *431 Sécurité sociale.*

Le montant des avances et des acomptes est imputé :
- au débit du compte *421 Personnel, rémunérations dues ;*
- au crédit du compte *425 Personnel, avances et acomptes.*

Le montant des cotisations patronales est imputé :
- au débit du compte *645 Charges de Sécurité sociale ;*
- au crédit des comptes *431 et 437 Organismes sociaux.*

Le solde du compte *421 Personnel rémunérations dues* est égal au net à payer après l'enregistrement du bulletin de salaire.
Ce compte est crédité et donc soldé au moment du paiement des salaires.

Les comptes *431 Sécurité sociale et 437 Autres organismes sociaux* sont soldés au moment du règlement aux organismes sociaux.

Fiche révision *en pratique*

Écritures au Journal de l'entreprise COIFBIEN relatives au bulletin de paie établi dans la fiche 12.

	30/05/N		
641	Rémunérations du personnel	2 100,00	
421	Personnel, rémunérations dues		2 100,00
	Salaire brut		
	30/05/N		
421	Personnel, rémunérations dues	596,39	
431	Sécurité sociale (15,75 + 2,10 + 137,55 + 101,75 + 47,80 + 9,98)		314,93
4371	Autres organismes sociaux (ASSEDIC) (46,41 + 16,80)		63,21
4372	Autres organismes sociaux (retraites) (63,00 + 5,25)		68,25
425	Personnel, avances et acomptes		150,00
	Retenues salariales		
	30/05/N		
645	Charges de Sécurité sociale et de prévoyance	843,78	
431	Sécurité sociale (268,80 + 172,20 + 2,10 + 113,40 + 33,60 + 27,30)		617,40
4371	Autres organismes sociaux (ASSEDIC) (83,37 + 3,15 + 24,36)		110,88
4372	Autres organismes sociaux (retraite) (94,50 + 21,00)		115,50
	30/05/N		
421	Personnel, rémunérations dues	1 503,61	
512	Banque		1 503,61
	Chèque n° 177654 règlement salaire de mai		

Le compte *421 Rémunérations dues* est soldé après le règlement du net à payer.

RETENEZ BIEN

La comptabilisation du bulletin de paie implique deux mouvements du compte *421 Personnel, rémunérations dues* :

- au crédit pour le montant brut du salaire ;
- au débit pour le montant total des retenues.

Le solde de ce compte est égal au net à payer du bulletin de paie.

Fiche révision

R 14 Calculer la valeur acquise et la valeur actuelle

Le placement d'un capital rémunéré à intérêts composés implique que les intérêts sont calculés chaque année sur la valeur acquise par ce capital (capital + intérêt) l'année précédente. Actualiser une somme c'est calculer sa valeur à une certaine date.

Calcul d'une valeur acquise

Un capital « Co » est placé à une date « Po » à intérêt composé au taux « t » pendant une durée de « n » périodes. La valeur acquise « Cn » par ce capital en « Pn » est calculée en utilisant la formule : $Cn = Co\,(1 + t)^n$. La table de mathématiques financières n° 1 donne le résultat de $(1 + t)^n$.

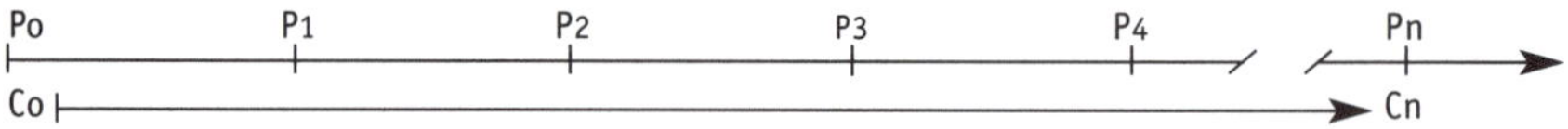

Calcul d'une valeur actuelle

À partir d'une valeur acquise par un capital après « n » périodes de placement, on retrouve sa valeur actuelle avec la formule : $Co = Cn\,(1 + t)^{-n}$. La table n° 2 donne le résultat de $(1 + t)^{-n}$. Les intérêts sont calculés en soustrayant la valeur acquise et la valeur actuelle.

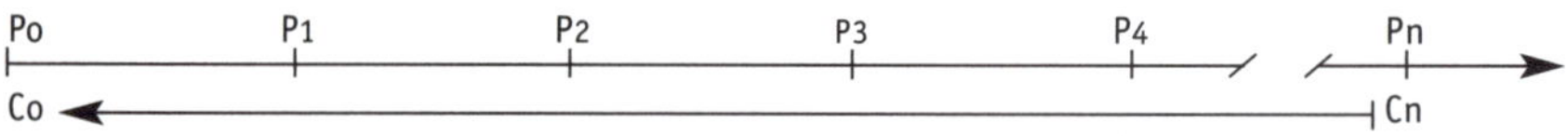

Calcul de la valeur actuelle d'une suite d'annuités constantes placées à intérêt composé

Une annuité « a » est placée chaque année à partir de la période « Po » pendant « n » périodes au taux d'intérêt « t ». La valeur actuelle de cette suite d'annuités constantes, actualisée une période avant le premier versement, est obtenue avec la formule : $Va = a\,\frac{1 - (1 + t)^{-n}}{t}$. La table n° 4 donne le résultat de $\frac{1 - (1 + t)^{-n}}{t}$.

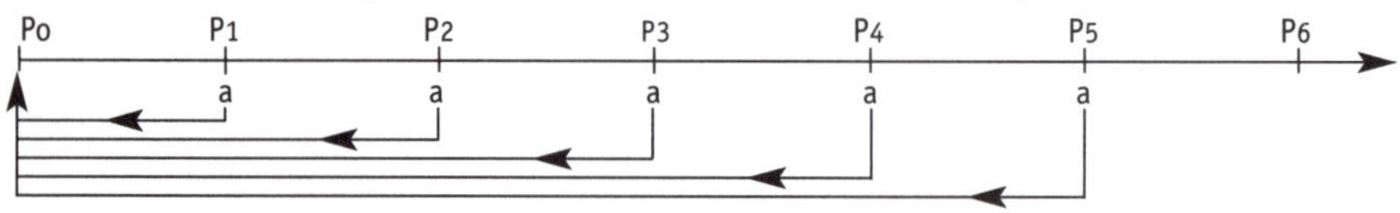

Calcul de la valeur acquise par une suite d'annuités constantes placées « n » périodes

La valeur acquise obtenue est actualisée au moment du versement de la dernière annuité avec la formule :

$$VA = a\,\frac{(1 + t)^n - 1}{t}.$$ La table n° 3 donne le résultat de $\frac{(1 + t)^n - 1}{t}$.

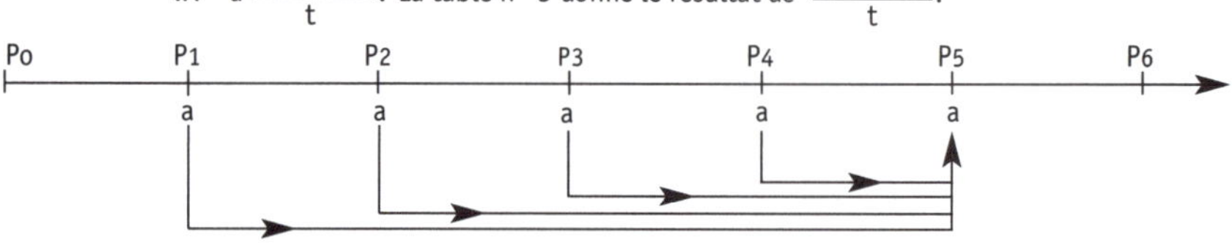

Fiche révision *en pratique*

➤ Exemple 1

AMADEUS place la somme de 12 000 € à intérêt composé au taux de 4,5 % le 20/05/N.
De quelle somme disposera-t-il le 20/05/N+4 et le 20/05/N+7 ?
Quels intérêts aura-t-il gagnés à ces deux dates ?

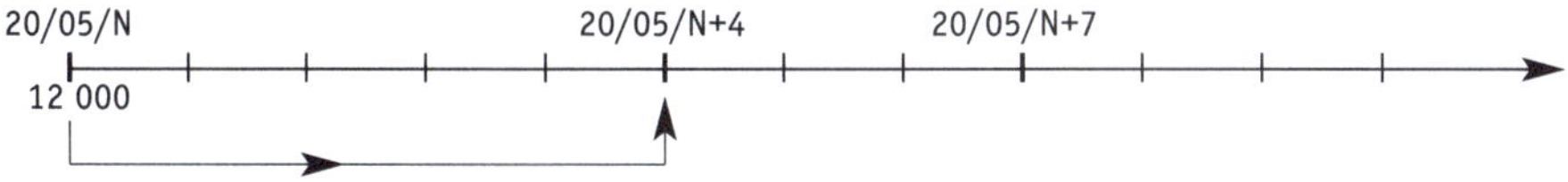

La valeur acquise le 20/05/N+4 est obtenue avec la formule $Cn = Co\ (1 + t)^n$:
$12\ 000\ (1{,}045)^5 = 14\ 954{,}18$. Les intérêts sont égaux à la valeur acquise diminuée de la valeur actuelle soit 14 954,18 – 12 000 = 2 954,18.
Au 20/05/N+7 la valeur acquise est égale à $12\ 000\ (1{,}045)^8$ soit 17 065,20 et les intérêts obtenus sont égaux à 17 065,20 – 12 000 soit 5 065,20.

➤ Exemple 2

FRANCISCO décide le 10/05/N, date de la naissance de sa fille Léa, de placer la somme de 500 € à chaque anniversaire de l'enfant. Taux de placement 5 %.
De combien d'argent disposera-t-il pour les 6 ans de Léa ?
Actualiser ces 6 annuités le jour de la naissance de Léa.

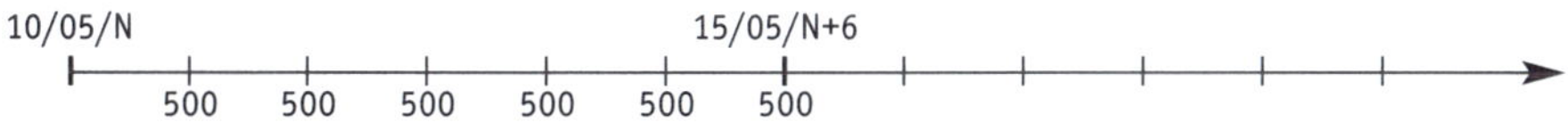

La valeur acquise au sixième anniversaire est de $500 \times \dfrac{(1{,}05)^6 - 1}{0{,}05}$ soit 3 400,96.

Valeur actuelle au jour de la naissance : $500 \times \dfrac{1 - (1{,}05)^{-6}}{0{,}05}$ soit 2 537,85.

RETENEZ BIEN

L'actualisation ou « voyage d'un capital dans le temps ».

Les exposants positifs propulsent capital ou annuités dans l'avenir (valeurs acquises), les exposants négatifs ramènent capital ou annuités dans le passé (valeurs actuelles).

R 15 Établir un tableau d'amortissement d'emprunt

L'emprunt est un moyen pour l'entreprise de financer ses investissements. Le remboursement d'un emprunt s'échelonne généralement sur plusieurs années.

LE REMBOURSEMENT PAR AMORTISSEMENTS CONSTANTS

Le capital restant dû la première année est égal au montant de l'emprunt ; les années suivantes le capital restant dû est égal au capital restant dû de l'année précédente moins l'amortissement de l'année précédente.
L'intérêt est égal chaque année au capital restant dû de l'année multiplié par le taux d'intérêt.
L'amortissement est constant pendant toute la durée de l'emprunt.

AMORTISSEMENT CONSTANT = EMPRUNT / DURÉE DE REMBOURSEMENT

L'annuité est égale à l'amortissement augmenté de l'intérêt de l'année.

LE REMBOURSEMENT PAR ANNUITÉS CONSTANTES

L'annuité constante est égale à :

$$a = E \frac{t}{1 - (1 + t)^{-n}}$$

a est l'annuité constante
n est le nombre d'années
E est le montant de l'emprunt
t est le taux d'intérêt

Le capital restant dû la première année est égal au montant de l'emprunt.
Les années suivantes le capital restant dû est égal au capital restant dû de l'année précédente diminué de l'amortissement de l'année précédente.
L'intérêt est égal chaque année au capital restant dû de l'année multiplié par le taux d'intérêt.
L'amortissement est égal à l'annuité constante moins les intérêts de l'année.
L'amortissement chaque année ne peut donc être calculé qu'après l'intérêt.

On remarque dans le tableau par annuités constantes que :
- le capital restant dû la dernière année est strictement égal au dernier amortissement ;
- les amortissements sont en progression géométrique de raison (1 + t). Le cinquième amortissement, par exemple, peut être calculé à partir du premier : $26\,875,06 = 21\,287,57\ (1,06)^4$.

RETENEZ BIEN

Bien lire l'énoncé pour ne pas se tromper de méthode !

Fiche révision
en pratique

➤ Exemple 1

L'entreprise MARIELLE contracte le 10/05/N–1 un emprunt de 80 000 € auprès de sa banque. Les conditions de remboursement sont les suivantes :
Première mensualité payable le : 10/05/N.
Remboursement par amortissements constants : 80 000 / 5 = 16 000.
Durée du remboursement : 5 ans   Taux d'intérêt : 6 %

Tableau de remboursement d'emprunt par amortissements constants

Dates de remboursement	Capital restant dû	Amortissements	Intérêts	Annuités
10/05/N	80 000,00	16 000,00	4 800,00	20 800,00
10/05/N+1	64 000,00	16 000,00	3 840,00	19 840,00
10/05/N+2	48 000,00	16 000,00	2 880,00	18 880,00
10/05/N+3	32 000,00	16 000,00	1 920,00	17 920,00
10/05/N+4	16 000,00	16 000,00	960,00	16 960,00

➤ Exemple 2

L'entreprise DJAMEL contracte le 15/06/N–1 un emprunt de 120 000 € auprès de sa banque. Les conditions de remboursement sont les suivantes :
Première mensualité payable le : 15/06/N.
Remboursement par annuités constantes.

Calcul de l'annuité constante : $a = 120\,000 \times \dfrac{0{,}06}{1 - (1{,}06)^{-5}} = 28\,487{,}57.$

Durée du remboursement : 5 ans   Taux d'intérêt : 6 %

Tableau de remboursement d'emprunt par annuités constantes

Dates de remboursement	Capital restant dû	Amortissements	Intérêts	Annuités
15/06/N	120 000,00	21 287,57	7 200,00	28 487,57
15/06/N+1	98 712,43	22 564,82	5 922,75	28 487,57
15/06/N+2	76 147,61	23 918,71	4 568,86	28 487,57
15/06/N+3	52 228,89	25 353,84	3 133,73	28 487,57
15/06/N+4	26 875,06	26 875,07	1 612,50	28 487,57

Journal de l'entreprise DJAMEL

	15/06/N-1		
512	Banque	120 000,00	
164	Emprunts auprès des établissements de crédit		120 000,00
	Emprunt contracté auprès de la Banque Ducoin		
	15/06/N		
164	Emprunts auprès des établissements de crédit	21 287,57	
661	Charges d'intérêts	7 200,00	
512	Banque		28 487,57
	Remboursement première annuité		

Fiche révision

R 16 Le calcul des amortissements

Les immobilisations perdent de leur valeur du fait de leur utilisation, du temps et du progrès technique. L'amortissement permet d'évaluer cette perte de valeur à caractère irréversible et de donner au bilan une image fidèle des immobilisations.

Biens concernés par l'amortissement

Les biens immobilisés (inscrits en classe 2) sont amortissables à l'exception des biens incorporels (le fonds de commerce), des terrains et des immobilisations financières.

Deux systèmes de calcul des amortissements sont pratiqués.

L'amortissement linéaire ou constant

- Il peut être appliqué à tous les biens amortissables.
- La base amortissable est la valeur d'origine des immobilisations (voir fiche 5).
- Le taux d'amortissement linéaire est égal à 100 divisé par la durée probable d'utilisation du bien.
- L'annuité constante est égale à la base amortissable multipliée par le taux d'amortissement.
- Pour le calcul de la première annuité, l'amortissement est calculé au prorata temporis. La première annuité est égale à l'annuité constante × nombre de jours / 360.

La dernière annuité est égale à l'annuité constante moins la première annuité.

L'amortissement dégressif

- Il concerne certains biens acquis neufs comme par exemple du matériel industriel ou du matériel de bureau amortissables au moins sur trois ans.
- Taux dégressif = taux linéaire × coefficient.

1,5 si durée d'utilisation de 3 ou 4 ans. 2 si durée d'utilisation de 5 ou 6 ans. 2,5 si durée d'utilisation supérieure à 6 ans.

- Première annuité = Valeur d'origine × taux dégressif × nombre de mois pour la première année / 12.
- Annuités suivantes = Valeur nette comptable de l'année précédente × taux dégressif.
- Valeur nette comptable = Valeur d'origine moins annuités cumulées.
- En continuant ce système d'amortissement sur la valeur nette comptable de l'année précédente, l'immobilisation ne serait jamais totalement amortie. Un changement de système doit donc être opéré l'année où le taux d'amortissement linéaire calculé sur les annuités restantes devient supérieur au taux de l'amortissement dégressif.

Retenez bien

Le prorata temporis en mode linéaire est calculé en jours à partir de la date de mise en service. En mode dégressif il est calculé en mois, à partir du premier jour du mois de l'acquisition.

En mode linéaire, quand la première annuité est calculée en prorata temporis, le plan d'amortissement compte une ligne de plus que la durée d'utilisation prévue.

En mode dégressif, le tableau comporte autant de lignes que la durée d'utilisation prévue.

L'entreprise Croissantchaud possède entre autres les deux immobilisations dont voici les fiches d'amortissement :

Nature de l'immobilisation :		**Four automatique**	
Valeur d'origine :	15 000,00	Mode amortissement : **linéaire**	
Date d'acquisition :	02/06/N	Durée d'utilisation : 5 ans	
Date de mise en service :	10/06/N	Taux linéaire : 100 / 5	20 %

Annuité constante = 15 000 × 20 % = 3 000

Première annuité = 3 000 × (200 / 360) = 1 666,67

200 jours sont calculés de la date de la mise en service à la date d'inventaire.

Tableau d'amortissement

Dates	Base amortissable	Annuités	Annuités cumulées	Valeur nette comptable
31/12/N	15 000,00	1 666,67	1 666,67	13 333,33
31/12/N+1	15 000,00	3 000,00	4 666,67	10 333,33
31/12/N+2	15 000,00	3 000,00	7 666,67	7 333,33
31/12/N+3	15 000,00	3 000,00	10 666,67	4 333,33
31/12/N+4	15 000,00	3 000,00	13 666,67	1 333,33
31/12/N+5	15 000,00	1 333,33 (3 000 – 1 666,67)	15 000,00	0,00

Nature de l'immobilisation :		**Congélateur**
Valeur d'origine :	12 000,00	Mode d'amortissement : **dégressif**
Date d'acquisition :	19/05/N–1	Durée d'utilisation : 4 ans
Date de mise en service :	19/05/N–1	Taux linéaire : 25 %
		Taux dégressif : 25 * 1,5 = 37,5 %

Première annuité = 12 000 × 37,50 % × 8 / 12

Le mois de l'acquisition est compté pour un mois entier.

Tableau d'amortissement

Dates	Base amortissable	Taux linéaire	Annuités		Annuités cumulées	Valeur nette comptable
31/12/N–1	12 000,00	100 / 4 = 25	12 000 × 37,5 % * $\frac{8}{12}$	3 000,00	3 000,00	9 000,00
31/12/N	9 000,00	100 / 3 = 33	9 000 × 37,5 %	3 375,00	6 375,00	5 625,00
31/12/N+1	5 625,00	100 / 2 = 50	5 625 × 50 %	2 812,50	9 187,50	2 812,50
31/12/N+2	2 812,50	100 / 1 = 100	2 812,50 × 10 %	2 812,50	12 000,00	0,00

Taux linéaire calculé pour les annuités restantes.
Quand le taux ainsi calculé devient supérieur au taux du dégressif, l'amortissement est poursuivi en mode linéaire.

R 17 Comptabiliser les amortissements

Les amortissements constituent pour l'entreprise des charges calculées en opposition aux charges décaissées qui génèrent un flux de trésorerie.

Les comptes utilisés

681	*Dotations aux amortissements et provisions charge d'exploitation*
28	*Amortissement de…*
	Chaque compte d'immobilisation possède son propre compte d'amortissement créé en intercalant un 8 en deuxième position au numéro du plan comptable de l'immobilisation.
	Par exemple : *215 Matériel industriel*
	2815 Amortissement du matériel industriel

Le compte *681 Dotations aux amortissements et aux provisions* est *débité* en fin d'exercice du total des annuités portées dans les comptes d'amortissement des immobilisations.

Les comptes d'amortissement 28 sont crédités des annuités calculées dans le plan d'amortissement de l'immobilisation sur la ligne qui correspond à la date d'inventaire en cours.

Au bilan figurent :
- la valeur d'origine des immobilisations dans la colonne « valeur brute » ;
- les annuités d'amortissements cumulées calculées à la date d'établissement du bilan ;
- la valeur nette comptable de l'immobilisation à la date de l'inventaire figure dans la colonne « valeur nette ».

RETENEZ BIEN

Au journal, les comptes d'amortissement sont mouvementés du montant des annuités.
Au bilan, dans la colonne amortissements figurent les montants des annuités cumulées.

Fiche révision
en pratique

L'entreprise CROISSANTCHAUD (fiche 16) comptabilise ses amortissements au 31 décembre N+1, date de son inventaire annuel.

	31/12/N+1		
681	Dotations aux amortissements et aux provisions-Charges d'exploitation	5 812,50	
2815	Amortissement du matériel industriel		5 812,50
	Suivant détails des plans d'amortissement		

Voir les montants inscrits dans les plans d'amortissement à la colonne annuité au 31/12/N+1.

Bilan Croissantchaud au 31/12/N+1

Actif	Valeurs brutes	Amortissements	Valeurs comptables nettes
Immobilisations			
Immobilisations incorporelles			
Immobilisations corporelles			
Matériel industriel	27 000	13 855	13 145
Immobilisations financières			

Ces montants sont les annuités cumulées des plans d'amortissement pour l'exercice N+1.

Retenez bien

Les frais d'établissement sont comptabilisés au débit du compte 201.

Le compte 2801 est intitulé « Amortissement des frais d'établissement ».

Les frais d'établissement sont amortis en mode linéaire, sans prorata temporis la première année.

Contrairement aux autres immobilisations, les frais d'établissement ne figurent plus au bilan lorsqu'ils sont totalement amortis.

R 18 Gérer les créances douteuses

Les créances deviennent douteuses lorsque leur recouvrement paraît incertain du fait par exemple de la mise en cessation de paiement du client.
Il y a lieu de créer des provisions suivant le principe de prudence.
Les provisions ont, contrairement aux amortissements, un caractère réversible.

Les comptes utilisés

La créance ordinaire devient douteuse :

416 Clients douteux ou litigieux
411 Clients

La dotation d'une provision sur créance douteuse :

681 Dotations aux amortissements et aux provisions-Charges d'exploitation
491 Provisions pour dépréciation des comptes clients

La reprise d'une provision sur créance douteuse :

491 Provisions pour dépréciation des comptes clients
781 Reprise sur amortissements et provisions d'exploitation

Créance irrécouvrable :

654 Pertes sur créances irrécouvrables
44551 TVA à décaisser
416 Clients douteux

La provision créée sur cette créance doit être annulée. On comptabilise une reprise.

Quand le recouvrement de la créance paraît incertain le montant TTC de cette créance est débité au compte *416 Clients douteux* et crédité du compte *411 Clients.*

Une provision est créée et évaluée en pourcentage de la perte prévue.
Elle est calculée sur le montant hors taxes de la créance.
Pour créer un compte de provision, on intercale un 9 en deuxième position du compte à provisionner.

Le réajustement d'une provision antérieurement créée :
- pour augmenter le montant de la provision, on comptabilise une dotation ;
- pour diminuer le montant de la provision, on comptabilise une reprise.

La créance est devenue irrécouvrable lorsque le client ne paiera plus rien. L'entreprise comptabilise une perte pour le montant hors taxes de la créance. La TVA sera récupérée en débitant le compte *44551 TVA à décaisser.* Le compte *416 Clients douteux* est soldé pour le montant TTC et la provision créée doit être intégralement reprise.

Retenez bien

Les provisions sont calculées sur un montant de dette hors taxes.
On ne doit pas compenser les dotations et les reprises : c'est le principe de non-compensation.
Le montant des dettes et le montant des provisions ne doivent pas être additionnés ou soustraits entre eux. Ils constituent des éléments distincts.

Fiche révision *en pratique*

L'entreprise SACADOS fabrique et vend des sacs de montagne.
Au 31/12/N, elle comptabilise ses créances douteuses.
Les clients SOLARIS et MAROUFIN sont débiteurs dans ses comptes respectivement pour 25 687,80 € et 42 210,00 €. Ces deux clients ont été déclarés en cessation de paiement.
On estime pouvoir **récupérer** 20 % de la créance de SOLARIS et **perdre** 70 % de celle du client MAROUFIN. L'entreprise est soumise sur ses ventes au taux de TVA à 19,60 %.

Journal de l'entreprise SACADOS

	31/12/N		
416	Clients douteux	67 897,80	
411	Clients		67 897,80
	Clients SOLARIS pour 25 687,80 et MAROUFIN pour 42 210,00 douteux.		
	31/12/N		
681	Dotations aux amort. et provisions d'exploitation	41 887,33	
491	Provisions sur créances douteuses		41 887,33
	SOLARIS (25 687,80 / 1,196) × 80 % = 17 182,48		
	MAROUFIN (42 210 / 1,196) × 70 % = 24 704,85		

Le compte client douteux est débité du montant TTC

Les provisions sont calculées sur les montants hors taxes calculés en divisant le montant TTC par 1,196.

Au 31/12/N+1, le client SOLARIS est déclaré irrécouvrable. MAROUFIN a versé en cours d'exercice un chèque de 3 000 €, sa provision doit être portée à 90 %.

	31/12/N+1		
654	Pertes sur créances irrécouvrables	21 478,09	
44551	TVA à décaisser	4 209,71	
416	Clients douteux		25 687,80
	SOLARIS irrécouvrable. Montant de la perte : 25 687,80 / 1,196 soit le montant hors taxes		
	31/12/N+1		
491	Provisions sur créances douteuses	17 182,48	
781	Reprises amortissements et provisions d'exploitation		17 182,48
	Annulation de la provision créée sur SOLARIS (25 687,80 / 1,196) × 80 %		
	31/12/N+1		
681	Dotations aux amort. et provisions d'exploitation	5 005,85	
491	Provisions sur créances douteuses		5 005,85
	Réajustement de la provision sur MAROUFIN		

Le versement de 3 000 € est considéré comme un montant TTC.
Provision créée en N = 24 500.
Provision nécessaire en N+1 : (42 210 – 3 000)/1,196 × 90 % = 29 505,85.
Il faut augmenter la provision de 5 005,85.

R 19 Enregistrer les provisions pour dépréciation des titres

La valeur d'achat des titres (voir fiche 6) est comparée à la valeur estimée ou valeur actuelle chaque fin d'exercice comptable.
La valeur actuelle des valeurs mobilières de placement est la valeur probable de négociation.
La valeur actuelle des titres immobilisés est estimée et appréciée en fonction du marché.

Les comptes utilisés

Comptes débités	Comptes crédités
Création de la provision	
686 Dotations aux amortissements et aux provisions charges financières	2971 Provisions pour dépréciation des titres immobilisés 590 Provisions pour dépréciation des VMP
Réajustement de la provision	
Pour augmenter la provision constituée antérieurement, on comptabilise une dotation complémentaire.	
686 Dotations aux amortissements et aux provisions charges financières	2971 Provisions pour dépréciation des titres immobilisés 590 Provisions pour dépréciation des VMP
Pour diminuer ou annuler une provision constituée antérieurement, on enregistre une reprise :	
2971 Provisions pour dépréciation des titres immobilisés 590 Provisions pour dépréciation des VMP	786 Reprise amortissements et provisions charges financières

La comparaison en fin de chaque exercice entre la valeur d'achat et la valeur actuelle de chaque catégorie de titre provoque les traitements suivants :
Si Valeur d'achat < Valeur actuelle, on constate une plus-value latente qui ne génère pas de traitement comptable. La plus-value latente n'est pas inscrite au bilan.
Si la valeur d'achat est égale à la valeur actuelle, il n'y a pas de traitement comptable.
Si Valeur d'achat > Valeur actuelle, on constate une moins-value latente qui génère la constitution d'une provision.

Le montant de la provision est égal à la différence entre la valeur d'achat et la valeur actuelle.

Comptabilisation de la provision :
Le compte *686 Dotations aux provisions* est débité. Ce compte de charge a un caractère financier.
Un compte provision sur titres est crédité. Pour créer un compte de provision, on intercale un 9 en deuxième position du compte à provisionner.

Réajustement de la provision :
La provision déjà créée peut être augmentée par une dotation complémentaire.
Pour diminuer ou pour annuler une provision, il faut procéder à une reprise.

Retenez bien

Le principe de non-compensation n'autorise pas à soustraire les reprises et les dotations.

L'entreprise DÉLITE fabrique et vend des balles de tennis.
Elle détient un portefeuille de titres immobilisés et un portefeuille de VMP. Au 31/12/N la situation des deux portefeuilles est la suivante :

Portefeuille de titres immobilisés

Émetteurs	Quantité	Valeur d'achat	Provision existante	Valeur actuelle	Provision nécessaire en N	Réajustement	
						Dotation	**Reprise**
Alpha	200	100	400	104	0		400
Beta	600	84	0	76	4 800	4 800	
Delta	900	42	0	42	0		
					Totaux	**4 800**	**400**

La provision existante est donnée pour le nombre total de titres.

Provision nécessaire =
(Valeur achat – Valeur actuelle) × quantité

Portefeuille de valeurs mobilières de placement

Émetteurs	Quantité	Valeur d'achat	Provision existante	Valeur actuelle	Provision nécessaire en N	Réajustement	
						Dotation	**Reprise**
Moret	250	24	500	18	1 500	1 000	
Picot	142	30	0	40			
Retal	320	36	640	36	0		640
					Totaux	**1 000**	**640**

Journal de l'entreprise DÉLITE

	31/12/N		
686	Dotations aux amortissements et provisions charges financières	5 800,00	
2971	Provisions sur titres immobilisés		4 800,00
590	Provisions pour dépréciation des VMP		1 000,00
	Suivant détail des tableaux de portefeuilles de titres.		
	31/12/N		
2971	Provisions sur titres immobilisés	400,00	
590	Provisions pour dépréciation des VMP	640,00	
786	Reprises amortissements et provisions charges financières		1 040,00
	Suivant détail des tableaux de portefeuilles de titres.		

20 Enregistrer les provisions et les variations de stocks

Les stocks sont constitués par l'ensemble des biens qui participent au cycle d'exploitation de l'entreprise, c'est-à-dire les marchandises, les matières premières, les matières et fournitures consommables, les emballages. La méthode d'évaluation des stocks doit être conservée d'un exercice à l'autre en respect du principe de permanence des méthodes.

Les comptes utilisés

Comptes de stocks	Comptes de provision pour dépréciation des stocks	Comptes de variation de stocks
31 Stock de mat. premières	391 ... matières premières	6031 ... matières premières
322 Stock de mat. consommables	392 ... matières consommables	6032 ... matières cons.
355 Stock de produits finis	395 ... produits finis	71355 ... de produits finis
37 Stock de marchandises	397 ... marchandises	6037 ... de marchandises

Chaque compte de stock génère un compte de provision pour dépréciation et un compte de variation.

Les fiches de stocks sont mises à jour à chaque entrée et à chaque sortie des stocks.

Les comptes relatifs aux stocks sont mouvementés au moins une fois par exercice, au moment de l'inventaire. Avant les écritures d'inventaire, les comptes sont porteurs des mouvements enregistrés au 31/12 de l'exercice précédent.

Les écritures d'inventaire consistent dans les mouvements suivants :

Solder les comptes de stocks au 31/12 de l'exercice précédent appelés « stocks initiaux ».
Les comptes 3 *Stocks de*... sont crédités.
Les comptes 603 ou 713... *Variation des stocks de*... sont débités.

Solder les comptes de provision constituée sur les stocks inventoriés au 31/12 de l'exercice précédent.
Les comptes 39... *Provisions pour dépréciation des stocks de*... sont débités.
Le compte *781 Reprises sur amortissements et provisions* est crédité.

Installer les stocks inventoriés au 31/12 de l'exercice qui s'achève :
Les comptes 3... *Stocks de*... sont débités.
Les comptes 603 ou 713... *Variations des stocks de*... sont crédités.

Les comptes de provision sont dotés des provisions nécessaires sur les stocks finals :
Les comptes 39... *Provisions pour dépréciation des stocks de*... sont crédités.
Le compte *681 Amortissements aux amortissements et provisions* est débité.

Fiche révision
en pratique

La société MÉTALURG fabrique et vend des pièces en alliage métallique utilisées en mécanique de précision.
Au 31/12/N elle effectue ses opérations d'inventaire et notamment l'inventaire de ses stocks de matières premières et de produits finis.

	Inventaire au 31/12/N-1		Inventaire au 31/12/N	
Stocks de matières premières	23 000,00		28 900,00	
Provision sur stock initial de matières premières		1 800,00		2 090,00
Stocks de produits finis	67 000,00		76 400,00	
Provisions sur stock final de produits finis		2 310,00		3 330,00

Journal de l'entreprise MÉTALURG

	31/12/N		
6031	Variation des stocks de matières premières	23 000,00	
71355	Variation des stocks de produits finis	67 000,00	
31	Stocks de matières premières		23 000,00
355	Stocks de produits finis		67 000,00
	Virement des stocks initiaux		
	31/12/N		
391	Provisions pour dépréc. stocks mat. 1res	1 800,00	
395	Provisions pour dépréc. stocks prod. finis	2 310,00	
781	Reprises sur provisions		4 110,00
	Annulation des provisions sur stocks initiaux		
	31/12/N		
31	Stocks de matières premières	28 900,00	
355	Stocks de produits finis	76 400,00	
6031	Variat. stocks de mat. premières		28 900,00
71355	Variat. stocks produits finis		76 400,00
	Création des stocks finals		
	31/12/N		
681	Dotations aux provisions d'exploitation	5 420,00	
391	Prov. s/stock de mat. premières		2 090,00
3955	Prov. s/stock de produits finis		3 330,00
	Création de la provision sur stocks finals		

Les comptes de stocks et de provisions relatifs aux stocks initiaux sont soldés.

Les stocks et les provisions inventoriés au 31/12/N sont installés dans les comptes.

Le compte 6031 est créditeur de 5 900 soit la variation nette.

L'utilisation des comptes de variations de stocks est étudiée à la fiche 27.

RETENEZ BIEN

Le principe de non-compensation ne permet pas de soustraire les dotations et les reprises en matière de provisions sur stocks.

R 21 Enregistrer les provisions pour risques et charges

Fiche révision

À la clôture de l'exercice il doit être tenu compte des risques et des charges intervenus en cours d'exercice.
Les événements qui constituent ces risques et charges doivent être nettement précisés et leur réalisation future doit être probable. Dans ces conditions, la constitution d'une provision est rendue nécessaire.

Comptes utilisés

CRÉATION OU AUGMENTATION DE LA PROVISION

6815Dotations aux provisions pour risques et charges d'exploitation
ou 6865 Dotations aux provisions pour risques et charges financiers
1511 Provisions pour litiges
1512 Provisions pour garanties données aux clients
1572 Provisions pour grosses réparations

ANNULATION OU DIMINUTION DE LA PROVISION

1511Provisions pour litiges
1512Provisions pour garanties données aux clients
1572Provisions pour grosses réparations
7815 Reprises sur provisions pour risques et charges d'exploitation
7865 Reprises sur provisions pour risques et charges financiers

CONSTITUTION DE LA PROVISION

La provision est constituée, suivant sa nature, par le débit d'un compte *68 Dotations* à caractère d'exploitation, financier ou exceptionnel et par le crédit d'un compte *15 Provisions pour risques et charges.*

RÉAJUSTEMENT DE LA PROVISION

Les provisions ont un caractère réversible (fiche 18) et peuvent donc réajuster les exercices suivants.
Le réajustement génère soit une augmentation de la provision, soit une diminution.

UTILISATION FINALE DE LA PROVISION

L'événement attendu se réalise dans le courant d'un exercice. La charge est comptabilisée normalement. Parallèlement, la provision pour risques et charges doit être annulée.

RETENEZ BIEN

Les provisions pour risques et charges sont évaluées sur la base de montants hors taxes.

Nous travaillons pour l'entreprise CAMPUS qui fabrique et vend des ampoules électriques. À l'inventaire de l'exercice N, les observations suivantes sont faites :

- L'entreprise OPTIMUS a intenté une action judiciaire contre nous. Si le verdict du procès est en sa faveur, nous devrons lui verser 70 000 €.
- Les travaux de réfection de la toiture des bâtiments abritant l'usine doivent être engagés pendant l'exercice N–1. Ces charges ne peuvent pas être supportées par le seul exercice N–1. Les 144 720,00 € de réparation TTC seront étalés sur 3 ans.

	31/12/N		
6815	Dotations aux provisions pour risques et charges d'exploitation	110 334,45	
1511	Provisions pour litiges		70 000,00
1572	Provisions pour grosses réparations		40 334,45
	Les provisions sont calculées sur des montants HT : (144 720,00 / 1,196) / 3 = 40 334,45 €		

À l'inventaire de l'exercice N+1, nous constatons que la provision pour le procès contre OPTIMUS doit être ramenée à 50 000 €.

	31/12/N+1		
6815	Dotations aux provisions pour risques et charges d'exploitation	40 334,45	
1572	Provisions pour grosses réparations		40 334,45
	2e tranche de la provision pour réparation		
	31/12/N+1		
1511	Provisions pour litiges	20 000,00	
7815	Reprise sur provisions pour risques et charges		20 000,00
	70 000 – 20 000 = 50 000 de provision nécessaire		

À l'inventaire N+2, nous constatons que le tribunal a rendu son verdict et que nous avons payé à OPTIMUS la somme de 42 000 € dans le courant de l'exercice.

	31/12/N+2		
1511	Provisions pour litiges	50 000,00	
7815	Reprise sur provisions pour risques et charges		50 000,00
	Annulation de la provision		
	31/12/N+2		
6815	Dotations aux provisions pour risques et charges d'exploitation	40 334,45	
1572	Provisions pour grosses réparations		40 334,45
	3e tranche de la provision pour réparation		

À l'inventaire N+3, les travaux de réfection de la toiture ont été effectués. La provision pour réparation doit être annulée.

	31/12/N+3		
1572	Provisions pour grosses réparations	121 003,35	
7815	Reprise sur provisions pour risques et charges		121 003,35
	Annulation de la provision constituée sur trois exercices		

R 22 Régulariser les comptes de charges et de produits

Le principe d'indépendance des exercices conduit à l'inventaire à régulariser les comptes de classes 6 et 7 de façon à obtenir pour chaque exercice les charges et les produits qui le concernent effectivement et ceux-la seulement.

Comptes utilisés

Charges à payer	Produits à recevoir
Au débit	**Au débit**
6. un compte de charge	4098 RRR à obtenir
4458 TVA à régulariser	4181 Clients, factures à établir
Au crédit	**Au crédit**
1688 Intérêts courus	7. un compte de produit
408 Fournisseurs, factures non parv.	4458 TVA à régulariser
4198 RRR à accorder	
Charges	**Produits constatés d'avance**
Au débit	**Au débit**
486 Charges constatées d'avance	7. un compte de produit
Au crédit	**Au crédit**
6. un compte de charge	487 Produits constatés d'avance

Voici schématisé le principe de la régularisation des comptes de classes 6 et 7.

Compte de résultat exercice N

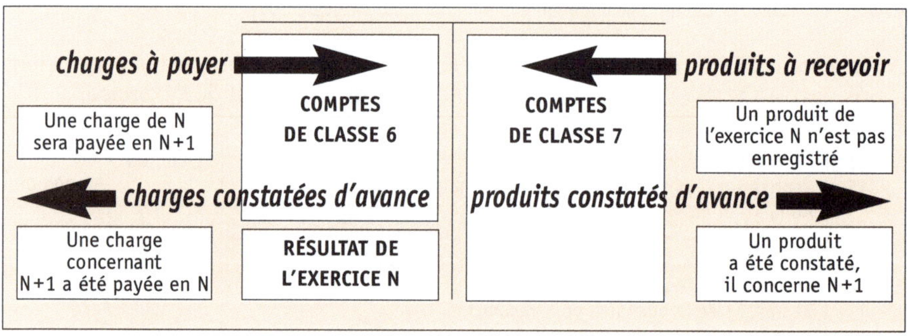

Au journal d'ouverture de l'exercice N+1, les écritures de régularisation sont intégralement contre-passées.

Retenez bien

Une écriture de régularisation de compte de charges ou de produits doit nécessairement comporter un compte de classe 6 ou un compte de classe 7 débité ou crédité.

Fiche révision
en pratique

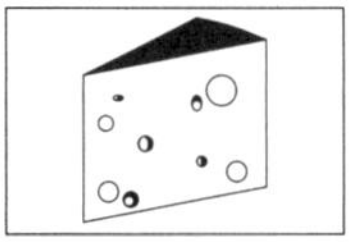

L'entreprise Lecremeu fabrique et vend des fromages.
Elle procède lors de son inventaire pour l'exercice N à la régularisation de ses comptes de charges et de produits.

Des matières premières ont été réceptionnées le 28/12/N, la facture ne parviendra que dans les premiers jours de janvier N+1. Le montant hors taxes est estimé à 1 200 € (TVA 5,5 %).

	31/12/N		
601	Achats de matières premières	1 200,00	
4458	TVA à régulariser	66,00	
408	Fournisseurs, factures non parvenues		1 266,00
	Fournisseur Laiterie François		

Nous avons livré 2 300 € hors taxes de marchandises à un client. La facture sera établie dans les premiers jours de janvier N.

	31/12/N		
4181	Clients, factures à établir	2 426,50	
701	Ventes de produits finis		2 300,00
4458	TVA à régulariser		126,50
	Client Nathalia livraison du 30/12/N		

L'inventaire du service administratif fait apparaître qu'il reste 60 € de timbres-poste pour lesquels il n'est pas tenu de fiche de stock.

	31/12/N		
486	Charges constatées d'avance	60,00	
626	Frais de poste et télécommunication		60,00
	Timbres-poste achetés en N qui seront utilisés en N+1.		

L'entreprise Lecremeu loue un appartement à Monsieur Lebreton qui règle son loyer en début de trimestre. Le dernier versement de 2 400 € hors taxes est intervenu le 01/12/N.

	31/12/N		
7083	Locations diverses	1 600,00	
487	Produits constatés d'avance		1 600,00
	Le loyer a été réglé pour les mois de décembre, janvier et février. Les deux derniers mois de loyers perçus d'avance sont des produits de N+1. (2 400 × 2 / 3) = 1 600		

Le 01/01/N+1, la contre-passation de toutes ces écritures de régularisation doit être effectuée.

R 23 Enregistrer les sorties de l'actif immobilisé

Les immobilisations doivent être enlevées de l'actif du bilan lorsqu'elles sortent physiquement de l'entreprise. C'est le cas quand elles sont vendues ou mises au rebut.

Les comptes utilisés

Si l'immobilisation est cédée :
512 ou 462 Créances sur cessions d'immobilisations
775 Produits des cessions d'éléments d'actif
44571 TVA collectée
Si l'immobilisation est amortissable :
681 Dotations aux amortissements et aux provisions d'exploitation
28 Amortissement
Sortie de l'immobilisation de l'actif :
28 Amortissement de ... (si l'immobilisation est amortissable)
675 Valeurs comptables des éléments d'actifs cédés
2 Immobilisations

La cession d'une immobilisation

La valeur hors taxe de la vente est inscrite au crédit du compte *775 Produits de cessions*. Le montant de la TVA est normalement mouvementé au crédit du compte 44571.
Le montant TTC de la cession est débité directement dans un compte de trésorerie en cas de règlement comptant.

Le complément d'amortissement

L'immobilisation doit être amortie une dernière fois lors de la cession.
- si le mode de l'amortissement est le linéaire, la dernière dotation est calculée au prorata temporis en nombre de jours qui séparent le premier jour de l'exercice du jour de la cession ;
- si le mode de l'amortissement est le dégressif, la dernière dotation est calculée au prorata temporis en nombre de mois qui séparent le premier mois de l'exercice jusqu'au mois qui précède la cession.
Le mois de la cession n'est donc pas pris en compte en mode dégressif.

La sortie de l'immobilisation des comptes

Le compte d'amortissement de l'immobilisation est débité du total des amortissements pratiqués de l'acquisition jusqu'à la cession.
Le compte de l'immobilisation est crédité pour la valeur d'origine. Les comptes relatifs à l'immobilisation commençant par 2 et 28 sont ainsi soldés.
Le compte 675 est débité de la différence entre la valeur d'origine et les amortissements, soit la valeur nette comptable au moment de la cession.

Fiche révision
en pratique

La société SIGNALONS fabrique et vend des panneaux de signalisation routière. Dans le courant de l'exercice N, elle a été amenée à céder un matériel industriel.

Cession le 10/03/N+3 d'une machine dont la valeur d'origine est de 67 000 € et amortissable sur 5 ans en mode dégressif. Elle a été acquise le 13/04/N.

Le montant de la cession est de 16 500 € hors taxes, le matériel industriel a été cédé à une entreprise qui récupère la TVA.

Plan d'amortissement de la machine

Dates	Base amortissable	Annuités	Annuités cumulées	Valeur nette comptable
31/12/N	67 000,00	20 100,00	20 100,00	46 900,00
31/12/N+1	46 900,00	18 760,00	38 860,00	28 140,00
31/12/N+2	28 140,00	11 256,00	50 116,00	16 884,00
31/12/N+3	16 884,00	8 442,00	58 558,00	8 442,00
31/12/N+4	16 884,00	8 442,00	67 000,00	0,00

taux dégressif = 100/5*2 soit 40 %

67 000*0,4*9/12 = 20 100

Journal de l'entreprise Signalons

	10/03/N+3		
462	Créances sur cessions d'immobilisations	19 734,00	
775	Produits des cessions		16 500,00
44571	TVA collectée		3 234,00
	Cession machine à l'entreprise Raptou		
	10/03/N+3		
681	Dotations aux amort. charges d'exploitation	1 407,00	
2815	Amort. matériel industriel		1 407,00
	10/03/N+3		
2815	Amortissement du matériel industriel	51 523,00	
	51 523 = 50 116 + 1 407		
675	VNC des éléments d'actif cédés	15 477,00	
	15 477 = 67 000 − 51 523		
215	Matériel industriel		67 000,00

8 442 × 2/12 complément d'amortissement. L'annuité normale sans la cession aurait été de 8 442. Le mois de la cession n'est pas compté, le prorata temporis est donc de 2/12.

Le compte d'immobilisation est crédité pour la valeur d'origine du matériel. Sortie de la machine.

Le résultat de cette cession est obtenu par la différence entre les comptes 775 et 675 : 16 500 – 15 477 = **1 023 € de plus-value** pour l'entreprise.

Fiche révision

R 24 Enregistrer les cessions de titres

L'entreprise qui possède un portefeuille de titres le gère en achetant (voir fiche 6) ou en vendant des actions et des obligations dans un but spéculatif ou participatif.

Les comptes utilisés

Pour la cession de titres immobilisés : 512 Banque 627 Services bancaires 4456 TVA déductible sur ABS 775 Produits de cessions des él. d'actif **Sortie des titres du compte de classe 2 :** 675 Valeurs comptables des él. d'actif cédés 271 Titres immobilisés **Annulation d'une provision sur les titres cédés :** 2971 Provisions sur titres immobilisés 786 Reprises provisions financières	**Vente de valeurs mobilières de placement avec une moins-value :** 512 Banque 627 Services bancaires 4456 TVA déductible sur ABS 667 Charges nettes sur cessions de VMP **Sortie des titres du compte de classe 5 :** 667 Charges nettes sur cessions de VMP 50 Valeurs mobilières de placement **Annulation d'une provision sur les titres cédés :** 590 Provisions sur valeurs mobilières de placement 786 Reprises provisions risques financiers **Si le résultat de la cession est une plus-value :** Le compte 667 est remplacé dans les écritures par 767 Produits nets sur cessions de VMP

CESSION DES TITRES IMMOBILISÉS

Comme pour les cessions d'immobilisations (voir fiche 23) la vente est comptabilisée par le crédit du compte *775*. Ce compte est mouvementé pour un montant calculé en effectuant :

Nombre de titres vendus × prix de cession

Le nombre 675 est débité pour un montant égal à :

Nombre de titres vendus × valeur d'acquisition.

La provision qui avait été éventuellement constituée sur les titres cédés doit être annulée.

CESSION DES VALEURS MOBILIÈRES DE PLACEMENT

Avant de comptabiliser la vente, il convient de comparer les valeurs d'entrée et de vente des titres :

si valeur d'entrée > valeur de vente : le résultat de la cession est une moins-value

si valeur d'entrée < valeur de vente : le résultat de la cession est une plus-value.

La vente est effectuée par le crédit du compte *767* du montant obtenu par :

Nombre de titres vendus × prix de vente.

La sortie du compte de classe 5 est effectuée par le débit du compte *767* pour un montant égal à : **Nombre de titres vendus × prix d'achat.**

La provision qui avait été éventuellement constituée sur les titres cédés doit être annulée.

RETENEZ BIEN

La TVA est calculée sur les seuls services bancaires lors de la cession de titres.

Fiche révision
en pratique

L'entreprise MAGNUS fabrique et vend des compas.
Elle possède le portefeuille de titres décrit ci-dessous.

Émetteurs	Nature	Nombre	Valeur d'achat unitaire	Provision par titre créée au 31/12/N-1
Alpha	immobilisé	1 000	300,00	95,00
Béta	immobilisé	2 000	250,00	0,00
Gamma	VMP	500	150,00	10,00
Oméga	VMP	800	210,00	0,00

BANQUE DU COIN		Magnus
AVIS DE CRÉDIT		
Le 12/06/N		
Cession de titres réalisée pour votre compte		
200 titres Alpha	150,00	30 000,00
400 titres Oméga	300,00	120 000,00
- services bancaires		– 800,00
- TVA sur services 19,60 %		– 156,80
Net porté à votre crédit		**149 043,20**

Journal de l'entreprise MAGNUS

	12/06/N		
512	Banque	149 043,20	
627	Services bancaires	800,00	
44566	TVA déductible sur ABS	156,80	
775	Produits des cessions		30 000,00
	Alpha 200 titres × 150		
767	Produits nets s/VMP		120 000,00
	Plue-value sur cession des titres Oméga :		
	(300 – 210) × 400 = 36 000		
	Avis de crédit bancaire		
675	Valeur nette des éléments cédés	60 000,00	
	Alpha 200 titres × 300		
767	Produits nets s/VMP	84 000,00	
	400 titres Oméga × 210		
271	Titres immobilisés		60 000,00
50	Valeurs mobilières		84 000,00
	Sortie des titres cédés		
297	Provisions sur titres immo.	19 000,00	
	200 titres × 95 de provision		
786	Reprise sur amort. et prov.		19 000,00
	Annulation provision Alpha		

Fiche révision

R 25 Déterminer et enregistrer l'impôt sur les sociétés

La TVA est un impôt direct qui taxe la consommation (voir fiche 9). L'impôt sur les sociétés est un impôt direct calculé sur le bénéfice des entreprises soumises à l'IS.

Les comptes utilisés

Enregistrement et paiement des acomptes
444 État, impôts sur les bénéfices
512 Banque
Enregistrement du montant de l'impôt sur les sociétés
695 Impôts sur les bénéfices
444 État, impôts sur les bénéfices
Enregistrement et paiement du solde de l'IS
444 État, impôts sur les bénéfices
512 Banque

Calcul du montant de l'impôt pour une année N

IS (N) est égal au résultat fiscal de l'année N multiplié par le taux d'imposition en vigueur (actuellement 33 1/3).
Le résultat fiscal est calculé à partir du résultat comptable moins les déductions fiscales, plus les réintégrations fiscales. Le passage du résultat comptable au résultat fiscal est effectué de manière extra-comptable, c'est-à-dire sans passer d'écritures.

Paiement de l'impôt sur les bénéfices

Il est réparti en quatre acomptes et un solde selon un échéancier précis.

20 février	1er acompte. Normalement RF N-1 × 8 1/3 % Si ce résultat n'est pas encore déterminé, l'acompte est égal à : RF N- 2 × 8 1/3 %
20 mai	2e acompte = (RF N-1 × 16 2/3 %) – 1er acompte
20 août	3e acompte = RF N-1 × 8 1/3 %
20 novembre	4e acompte = RF N-1 × 8 1/3 %
15 mars N+1	Solde IS = (RF N × 33 1/3 %) – somme des acomptes versés

Fiche révision
en pratique

La société CAMILLE vous demande de reconstituer les opérations relatives à son imposition pour l'exercice N.
Son résultat fiscal de l'année N–2 est de 120 000 €.
Son résultat fiscal de l'année N–1 connu le 10/04/N est de 180 000 €.

512 Banque		444 État, impôts sur les bénéfices		695 Impôts sur les bénéfices	
	10 000,00	10 000,00			
	20 000,00	20 000,00			
	15 000,00	15 000,00			
	15 000,00	15 000,00			
			70 000,00	70 000,00	
	10 000,00	10 000,00			

Le compte 444 est soldé au titre de l'impôt N.

•Premier acompte (20/02)
Le résultat comptable fiscal de l'année N–1 n'est pas connu au moment du versement du premier acompte, on utilise donc le résultat fiscal N–2 soit :

120 000 × 8 1/3 % = 10 000.

•Deuxième acompte (20/05)
Puisque le premier acompte est calculé sur le résultat fiscal (N–2) le calcul du second acompte prend en compte sa reprise soit (180 000 × 16 2/3 %) – 10 000 = 20 000.

•Troisième acompte (20/08)
Il est égal au RF (N–1) × 8 1/3 % soit 180 000 × 8 1/3 % = 15 000.

•Quatrième acompte (20/11)
Il est égal au RF (N–1) × 8 1/3 % soit 180 000 × 8 1/3 % = 15 000.

Calcul du montant d'impôt dû au titre de l'année N
Le résultat comptable N est connu le 20/03/N+1, son montant est de 205 000 €.
Les déductions fiscales se montent à 5 000 €, les réintégrations fiscales sont de 10 000 €.
Le résultat fiscal est donc de 205 000 – 5 000 + 10 000 = 210 000 pour l'année N.
Le montant de l'IS N est de 210 000 × 33 1/3 % soit 70 000.

Le solde de l'impôt pour l'année N est égal à IS N – total des acomptes versés en N soit 70 000 – (10 000 + 20 000 + 15 000 + 15 000) = 10 000.

Retenez bien

Ne confondez pas le résultat comptable issu du compte de résultat et le résultat fiscal issu de calculs extra-comptables.

R
Fiche révision

26 Établir et enregistrer la répartition du bénéfice

Le résultat de l'exercice est maintenu au débit du compte 129 (perte) ou au crédit du compte 120 (bénéfice), jusqu'à la décision de son affectation.
L'assemblée générale des actionnaires, en respect des règles légales et des statuts de l'entreprise, affecte le résultat d'une part aux réserves (crédibilité vis-à-vis des tiers, d'investissement), d'autre part aux actionnaires pour rémunérer leurs apports.

Les comptes utilisés

120 Résultat de l'exercice	
110 Report à nouveau (de l'exercice précédent)	
1061	Réserve légale
1063	Réserve statutaire
1068	Autres réserves
457	Associés, dividendes à payer

Bénéfice de l'exercice

C'est le bénéfice du compte de résultat après le calcul et l'enregistrement de l'impôt sur les sociétés (fiche 25).

Bénéfice distribuable

Bénéfice de l'exercice :
– pertes antérieures (ou débit du compte 119 Report à nouveau)
– dotation à la réserve légale[1]
– dotation à la réserve statutaire
+ report à nouveau bénéficiaire (crédit du compte 110)
= Bénéfice distribuable

Répartition du bénéfice distribuable

- Intérêt statutaire (ou premier dividende). Il est calculé en appliquant le taux fixé par les statuts sur le montant du capital.
- Dotation à la réserve facultative (sur décision de l'assemblée générale)
- Surperdividende (ou deuxième dividende). Il est calculé en effectuant : (bénéfice distribuable – premier dividende – réserve facultative) / nombre d'actions. Il est généralement agrandi formant ainsi un report à nouveau créditeur.

1. Mode de calcul de la dotation à la réserve légale. La dotation à la réserve légale cesse d'être obligatoire lorsqu'elle atteint 10 % du capital.

Retenez bien

Dividende = Intérêt statutaire + superdividende.
Veillez lors de la dotation à la réserve légale à ne pas dépasser 10 % du montant du capital.

L'entreprise HELENMUSIC SA achète et vend des instruments de musique. L'assemblée générale des actionnaires projette la répartition des bénéfices N comme suit :
Après la dotation à la réserve légale, un intérêt statutaire de 6 % sera versé.
L'assemblée générale des actionnaires prévoit la dotation de 80 000 € à titre de réserve facultative. Le surplus revient aux actionnaires à titre de superdividende dont le calcul par action conduira à un arrondi à l'euro inférieur.

Bilan au 31/12/N **(PASSIF)**

Avant répartition		Après répartition	
Capital (composé de 6 000 actions)	1 200 000		1 200 000
Réserve légale	36 000	36 000 + 10 500 =	46 500
Autres réserves	43 000	43 000 + 80 000 =	123 000
Report à nouveau (créditeur)	1 200	1 200 − 1 200 + 700 =	700
Résultat bénéficiaire	210 000	210 000 210 000 =	0
Dettes d'exploitation et dettes diverses			
Associés, dividendes à payer		10 500 + 48 000 =	120 000

Tableau de répartition du résultat

BÉNÉFICE NET	210 000
- dotation à la réserve légale (210 000 × 0,05)	10 500
+ report à nouveau créditeur	1 200
BÉNÉFICE DISTRIBUABLE	200 700
- Intérêt statutaire (1 200 000 × 0,06)	72 000
- Dotation à la réserve facultative	80 000
- Superdividende :	48 000
Théorique : (200 700 − 72 000 − 80 000) / 6 000 = 8,12	
Superdividende arrondi = 8 € × 6 000 = 48 000	
REPORT À NOUVEAU	700

Écriture relative à la répartition du résultat :

	20/02/N+1		
120	Résultat de l'exercice	210 000,00	
110	Report à nouveau N-1	1 200,00	
1061	Réserve légale		10 500,00
1068	Autres réserves		80 000,00
457	Associés, dividendes à payer		120 000,00
110	Report à nouveau N		700,00

Les actionnaires auront un dividende de 72 000 + 48 000 = 120 000 soit par action 120 000 / 6 000 actions = 20 €.

R 27 Établir la liasse fiscale

Les comptes annuels sont constitués à la clôture de l'exercice après les travaux d'inventaire par le bilan, le compte de résultat et une annexe.

LE COMPTE DE RÉSULTAT

Ce document regroupe en son crédit les comptes de produits (classe 7), en son débit les comptes de charges (classe 6) y compris les amortissements et les provisions et fait apparaître le bénéfice ou la perte de l'exercice.

Les comptes 609 et 709 sont soustraits des comptes 60 et 70 correspondants, en revanche les comptes de variations de stocks 603 et 713 apparaissent soit en addition soit en soustraction après les comptes d'achats ou de ventes (voir fiche 20).

Le compte de résultat lorsqu'il est présenté en liste fait apparaître successivement :
- produits, charges et résultat d'exploitation ;
- produits, charges et résultat financier ;
- produits, charges et résultat exceptionnel ;
- résultat de l'exercice.

Le résultat d'un exercice est constitué :
- par les éléments d'exploitation qui proviennent de l'activité normale de l'entreprise ;
- par des éléments qui n'entrent pas dans le cadre de l'activité principale : les opérations financières (par exemple la cession des valeurs mobilières de placement) et les opérations exceptionnelles (par exemple la cession des immobilisations).

Fiche révision
en pratique

COMPTE DE RÉSULTAT DE L'EXERCICE (En liste)

Désignation de l'entreprise: Imprim'Laure

(Ne pas reporter le montant des cents)*		Exercice N France 1	Exercice N Exportation 2	Exercice N Total 3
PRODUITS D'EXPLOITATION	Ventes de marchandises*	0	0	0
	Production vendue – biens	782 809	0	782 809
	Production vendue – service*	0	0	0
	Chiffre d'affaires nets*	782 809	0	782 809
	Production stockée*			0
	Production immobilisée*			0
	Subventions d'exploitation			0
	Reprises sur amortissements et provisions, transfert de charges*			0
	Autres produits (1)			14 400
	Total des produits d'exploitation (2) (I)			797 209
CHARGES D'EXPLOITATION	Achats de marchandises (y compris droits de douane)*			0
	Variation de stock (marchandises)*			0
	Achats de matières premières et autres approvisionnements (y compris droits de douane)*			333 783
	Variation de stock (matières premières et approvisionnements)*			– 5 548
	Autres achats et charges externes (3)*			122 946
	Impôts, taxes et versements assimilés*			8 914
	Salaires et traitements*			181 140
	Charges sociales			75 085
	DOTATION D'EXPLOITATION – Sur immobilisations – dotations aux amortissements*			41 931
	DOTATION D'EXPLOITATION – Sur immobilisations – dotations aux provisions			0
	DOTATION D'EXPLOITATION – Sur actif circulant : dotations aux provisions			0
	DOTATION D'EXPLOITATION – Pour risques et charges : dotations aux provisions			0
	Autres charges			0
	Total des charges d'exploitation (4) (II)			758 255
1 – RÉSULTAT D'EXPLOITATION (I – II)				38 953

La variation de stock est négative car le compte de variation est créditeur

27 Établir la liasse fiscale (suite)

Le bilan et l'annexe

Le bilan détaille les éléments de l'actif, du passif et doit faire apparaître les capitaux propres.
Certains postes du bilan regroupent plusieurs comptes.
Le bilan est construit en vertu du **principe comptable de non-compensation :** les dettes figurent au passif, les créances à l'actif.
Les montants portés dans les différents postes sont présentés arrondis.
Le bilan est présenté avant l'affectation du résultat de l'exercice, lequel est compris dans les capitaux propres.
Le bilan détaille les ressources (au passif) et les emplois (à l'actif) dont dispose l'entreprise et décrit le patrimoine avec ses biens (à l'actif) et ses dettes (au passif) à la date précise de la clôture de l'exercice.

Retenez bien

L'égalité Actif = Passif est constatée.

L'annexe donne des informations sur les sommes portées au bilan et sur certaines opérations.
L'annexe comporte notamment les tableaux suivants : immobilisations, amortissements et provisions.
L'annexe complète et commente l'information donnée par le bilan et le compte de résultat afin de fournir au lecteur des documents annuels une image fidèle de l'entreprise.

Retenez bien

Les comptes annuels doivent être réguliers (conformes aux règles et procédures en vigueur), sincères (de bonne foi) et présenter une image fidèle de l'entreprise.

Fiche révision *en pratique*

BILAN – ACTIF

Désignation de l'entreprise : Imprim'Laure
Adresse de l'entreprise : 12, rue des Cigognes 77200 Fontainebleau

(Ne pas reporter le montant des cents)*	Brut 1	Amortissements, provisions 2	Net 3
Terrains	0	0	
Constructions	0	0	0
Installations techniques, matériel et outillage industriels	190 700	141 792	48 907
Autres immobilisations corporelles	115 510	48 775	66 734
Autres titres immobilisés	20 000	1 500	18 500
Prêts	0	0	0
Autres immobilisations financières*	0	0	0
TOTAL (I)	326 210	192 067	134 142

AMORTISSEMENTS

Désignation de l'entreprise : Imprim'Laure
(Ne pas reporter le montant des cents)*

CADRE A		SITUATIONS ET MOUVEMENTS DE L'EXERCICE*			
IMMOBILISATIONS AMORTISSABLES		Montant des amortissements au début de l'exercice 1	Augmentations : dotations de l'exercice 2	Diminutions : amortissements afférents aux éléments sortis de l'actif et reprises 3	Montant des amortissements à la fin de l'exercice 4
Frais d'établissement, de recherche et de développement TOTAL I					
Autres immobilisations incorporelles TOTAL II					
Terrains					
Constructions	Sur sol propre				
	Sur sol d'autrui				
	Inst. générales, agencements et aménagements des constructions				
Installations techniques, matériel et outillage industriels		130 777	11 015		141 792
Autres immobilisations corporelles	Inst. générales, agencements, aménagements divers				
	Matériel de transport	68 967	15 622	50 000	34 589
	Matériel de bureau et informatique, mobilier	10 943	3 242		14 185
	Emballages récupérables et divers				
TOTAL III		210 687	29 879	50 000	190 566

R 28 Élaborer le bilan fonctionnel

Le bilan fonctionnel est construit à partir du bilan comptable en valeurs brutes ; il est utilisé pour mener à bien des analyses de gestion.

L'actif du bilan fonctionnel est présenté en deux grandes masses : les **emplois stables** et **l'actif circulant.**

Les emplois stables sont égaux aux immobilisations **brutes** du bilan comptable ; les actifs circulants correspondent aux stocks, créances (en valeurs **brutes** également) et aux disponibilités.

Le passif du bilan fonctionnel est également présenté en deux grandes masses : **les ressources stables** et le **passif circulant.**
Les ressources stables comprennent les capitaux propres, les dettes financières sauf concours bancaires, les amortissements et provisions, non soustraits de l'actif et ajoutés au passif.
Les dettes d'exploitation – dettes fournisseurs, dettes fiscales et sociales – constituent le passif circulant.

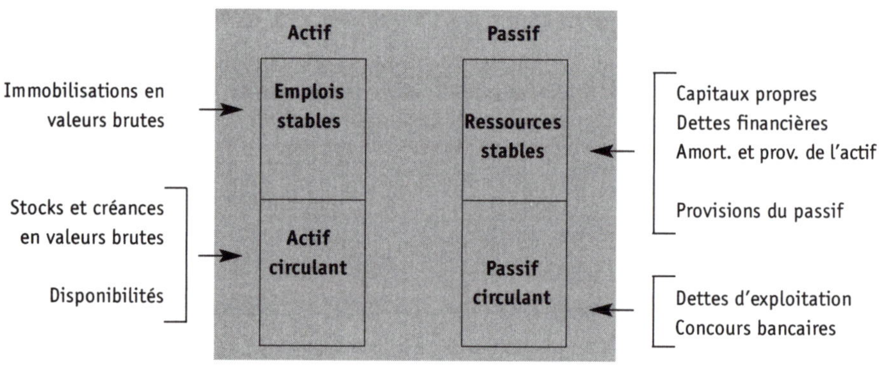

Retenez bien

Emplois stables = actif immobilisé en valeurs brutes.

Actif circulant = stocks et créances en valeurs brutes + disponibilités.

Ressources stables = capitaux propres + **amortissements et provisions** + dettes financières hors concours bancaires.

Passif circulant = dettes d'exploitation + concours bancaires.

Fiche révision
en pratique

La société agro-alimentaire AGROSUD a réalisé d'importants investissements ; elle veut s'assurer du maintien des équilibres financiers ; pour cela, elle établit son bilan fonctionnel.

Bilan comptable actif (en milliers d'euros)

Actif	Brut	Amort. et provisions	Net
Actif immobilisé			
Immobilisations incorporelles	11 200		11 200
Immobilisations corporelles	38 000	17 300	20 700
Immobilisations financières	8 800	500	8 300
Total 1	**58 000**	17 800	40 200
Actif circulant			
Stocks et en cours	15 900	800	15 100
Créances	17 000	300	16 700
Disponibilités	2 900		2 900
Total 2	**35 800**	1 100	34 700
Total général	93 800	**18 900**	74 900

Bilan fonctionnel actif

Emplois stables
58 000

Actif circulant
35 800

Bilan comptable passif (en milliers d'euros)

Capitaux propres	
Capital	25 000
Réserves	9 500
Résultat exercice	1 300
Total 1	**35 800**
Provisions risques et charges	1 700
Total 2	**1 700**
Emprunts ets de crédit	16 300
Dettes fournisseurs	16 600
Dettes fiscales et sociales	4 500
Total 3	**37 400**
Total général	**74 900**

Bilan fonctionnel passif

Ressources stables
72 700
capitaux propres : 35 800
amort. et prov. : 18 900
1 700
dettes financières : 16 300

Passif circulant
21 100
Fournisseurs : 16 600
autres : 4 500

Fiche révision

R29 Calculer le FRNG et le BFR

Pour s'assurer du respect des équilibres financiers de l'entreprise, on évalue les relations entre les grandes masses du bilan fonctionnel ; on calcule le fonds de roulement net global (FRNG) et le besoin en fonds de roulement (BFR).

Les **emplois stables** (immobilisations) doivent être financés par des **ressources stables.** Le fonds de roulement net global (FRNG) vérifie le respect de cette règle :

Fonds de roulement net global = Ressources stables – Emplois stables

La situation est considérée comme « saine » si le fonds de roulement net global est positif (si les ressources stables financent les emplois stables).

L'exploitation génère un besoin de financement : le **besoin en fonds de roulement (BFR).**
L'actif circulant correspond à des **besoins** de financement : la détention des stocks immobilise des fonds ; l'octroi de crédits aux clients retarde les rentrées financières attendues…
Inversement les crédits fournisseurs retardent des débours et apportent ainsi des **ressources** à l'entreprise.

On calcule le besoin net causé par l'exploitation :

Besoin en fonds de roulement =	Actif circulant	–	Passif circulant
	(hors trésorerie)		**(hors concours bancaires)**

FRNG – BFR = Trésorerie.
Le fonds de roulement net global est un excédent de ressources, qui doit financer le besoin en fonds de roulement causé par l'exploitation.
Si FRNG > BFR → Il y a excédent des ressources et l'entreprise détient de la **trésorerie.**

Si FRNG < BFR → Les ressources sont insuffisantes et l'entreprise finance le solde par un **découvert bancaire.**

Le comptable de la société AGROSUD adapte le bilan fonctionnel au calcul du fonds de roulement (le bilan fonctionnel de cette société a été construit dans la fiche 28). Tous les montants sont exprimés en kiloeuros (1 k€ = 1 000 €).

Emplois	Ressources
Emplois stables 58 000	Ressources stables 72 700
Actif circulant hors trésorerie 32 900 (1)	Passif circulant 21 100
Trésorerie 2 900	

FRNG = 72 700 − 58 000 = 14 700

BFR = 32 900 − 21 100 = 11 800

FRNG − BFR = 14 700 − 11 800
= 2 900
= Trésorerie

(1) 15 900 (stocks) + 17 000 (créances) d'après bilan de la fiche 28.

Supposons, tous les autres postes restant inchangés, une augmentation des stocks qui passent à 20 000 (au lieu de 15 900). L'entreprise doit recourir à un découvert bancaire pour équilibrer son bilan (montant 1 200).

Emplois	Ressources
Emplois stables 58 000	Ressources stables 72 700
Actif circulant hors trésorerie 37 000 (1)	Passif circulant 21 100
	Découvert 1 200

FRNG = 72 700 − 58 000 = 14 700

BFR = 37 000 − 21 100 = 15 900

FRNG − BFR = 14 700 - 15 900
= − 1 200
= Découvert

(1) Stocks (20 000) + créances (17 000).

RETENEZ BIEN

Fonds de roulement net global = ressources stables − emplois stables.

Besoin en fonds de roulement = actif circulant (hors trésorerie) − passif circulant (hors concours bancaires)

Fonds de roulement net global − besoin en fonds de roulement = trésorerie du bilan.

Fiche révision

R30 Calculer les ratios de rotation

Pour mieux contrôler l'évolution des stocks, des créances sur ventes et des dettes sur achats, on exprime leur montant en fonction d'un indicateur d'activité : on calcule des ratios.

Le délai de rotation des stocks

On étudie surtout la rotation des stocks de marchandises, de matières et de produits finis. Le délai de rotation est égal au nombre moyen de jours pendant lesquels **un article reste en stock.**

Stock de marchandises ou matières

$$\text{Délai} = \frac{\text{Stock moyen}}{\text{Achats exercice}} \times 360$$

Stock de produits

$$\text{Délai} = \frac{\text{Stock moyen}}{\text{Coût de production}} \times 360$$

Stock moyen = (stock initial + stock final) / 2

Le ratio est multiplié par 360 pour être exprimé **en nombre de jours** de consommation.

Le délai de recouvrement des créances

Ce ratio exprime la **durée moyenne du crédit** consenti aux **clients** (en jours de vente).

$$\text{Ratio de recouvrement des créances} = \frac{\text{Créances sur ventes}}{\text{Ventes TTC}} \times 360$$

Créances sur ventes = (créances au 01/01 + créances au 31/12) / 2

Délai de paiement des dettes

Ce ratio exprime la **durée moyenne du crédit** consenti par les **fournisseurs** (en jours d'achat).

$$\text{Ratio de paiement des dettes} = \frac{\text{Dettes sur achats}}{\text{Achats TTC}} \times 360$$

Dettes sur achats = (dettes au 01/01 + dettes au 31/12) / 2

Fiche révision
en pratique

La société LATOUR vend des bibliothèques (activité commerciale) et fabrique des canapés (activité industrielle).

Mouvements des stocks

	Stock au 01/01/N (€)	Stock au 31/12/N (€)
Bibliothèques	24 000	27 200
Canapés	62 000	56 000

Achats de bibliothèques durant l'exercice : 920 000 €.
Coût de production des canapés : 740 000 €.

DÉLAI DE ROTATION

Marchandises

$$\frac{(24\,000 + 27\,200) / 2}{920\,000} \times 360 \approx 10 \text{ jours}$$

Produits

$$\frac{(62\,000 + 56\,000) / 2}{740\,000} \times 360 \approx 29 \text{ jours}$$

➨ Les bibliothèques restent en moyenne 10 jours en stock avant d'être vendues, contre 29 pour les canapés fabriqués ; ce dernier délai est cause d'un stock important.

DÉLAI DE RECOUVREMENT DES CRÉANCES SUR VENTES

La société LATOUR a réalisé un chiffre d'affaires de 2 300 000 € (hors taxes) ; les créances au 31/12 s'élèvent à 180 000 €. Le taux de TVA est de 19,60 %.

$$\text{Délai de recouvrement des créances} = \frac{180\,000}{2\,300\,000 \times 1{,}196} \times 360 \approx 24 \text{ jours}$$

DÉLAI DE PAIEMENT DES DETTES SUR ACHATS

Les achats matières et marchandises de la société LATOUR se sont élevés à 920 000 € (hors taxes) ; au 31/12, les dettes fournisseurs sont égales à 150 000 €. Le taux de TVA est de 19,60 %.

$$\text{Délai de paiement des dettes} = \frac{150\,000}{920\,000 \times 1{,}196} \times 360 \approx 47 \text{ jours}$$

RETENEZ BIEN

Ratio de rotation des stocks = (Valeur des stocks / Montant des consommations) × 360.

Ratio de recouvrement créances = (Créances sur ventes / Ventes **TTC**) × 360.

Ratio de paiement des dettes = (Dettes sur achats / Achats **TTC**) × 360.

R31 Calculer les ratios de structure

Pour connaître la « santé financière » d'une entreprise le gestionnaire calcule, à partir du bilan fonctionnel, des ratios qu'il pourra comparer à ceux d'autres entreprises exerçant la même activité.

Couverture des emplois stables

(information comparable à celle du fonds de roulement)

$$\text{Ratio de couverture des emplois stables} = \frac{\text{Ressources stables}}{\text{Emplois stables}}$$

La situation financière est jugée saine si ce ratio est **supérieur à 1.**

Couverture des capitaux investis

Les ressources stables doivent financer non seulement les emplois stables, mais aussi le besoin en fonds de roulement.

$$\text{Ratio de couverture des capitaux investis} = \frac{\text{Ressources stables}}{\text{Emplois stables + BFR}}$$

Là aussi, une situation est jugée saine si le ratio est **supérieur à 1.**

L'autonomie financière

Elle mesure le degré de dépendance de l'entreprise vis-à-vis des prêteurs.

$$\text{Ratio d'autonomie financière} = \frac{\text{Endettement}}{\text{Ressources stables}}$$

On ne peut pas fixer de valeur limite à ce ratio. Son augmentation dans le temps indique une diminution de l'autonomie financière, c'est-à-dire une plus grande dépendance vis-à-vis des prêteurs (et inversement, sa diminution indique une plus grande autonomie de l'entreprise).

Retenez bien

Une situation financière est saine si les ressources stables couvrent les emplois stables + le BFR, et si l'entreprise conserve une bonne autonomie vis-à-vis des prêteurs.

La société BAZ spécialisée dans la fabrication de matériel bureautique vous communique son bilan fonctionnel établi pour les deux derniers exercices (en milliers d'euros).

Bilan

Actif			Passif		
	Exercice N–1	Exercice N		Exercice N–1	Exercice N
Emplois stables	5 600	6 400	Ressources stables	6 200	7 000
			dont :		
			capitaux propres	2 200	3 000
			amort. & prov.	800	900
			dettes financières	3 200	3 100
Actif circulant	3 000	2 900	Passif circulant	2 350	2 600
Trésorerie		300	Découvert bancaire	50	
Total actif	8 600	9 600	Total passif	8 600	9 600

COUVERTURE DES EMPLOIS STABLES

Ratio N–1 = $\frac{6\,200}{5\,600}$ = 1,11

Ratio N = $\frac{7\,000}{6\,400}$ = 1,09

COUVERTURE DES CAPITAUX INVESTIS

BFR N–1 = 3 000 – 2 350 = 650

BFR = 2 900 – 2 600 = 300

Ratio N–1 = $\frac{6\,200}{5\,600 + 650}$ = 0,99

Ratio N = $\frac{7\,000}{6\,400 + 300}$ = 1,04

AUTONOMIE FINANCIÈRE

Ratio N–1 = $\frac{3\,200}{6\,200}$ = 0,52

Ratio N = $\frac{3\,100}{7\,000}$ = 0,44

Évolution de l'exercice N–1 à N : l'entreprise BAZ a investi (augmentation des emplois stables) ; elle a su réduire son besoin en fonds de roulement, d'où une meilleure couverture des capitaux investis ; elle a augmenté son autonomie financière (réduit sa dépendance vis-à-vis des prêteurs).

R 32 Calculer les soldes intermédiaires de gestion

Le tableau des soldes intermédiaires de gestion – proposé par le plan comptable – permet de porter un jugement sur l'efficacité de l'entreprise.

Trois soldes de gestion sont particulièrement significatifs de la performance de l'entreprise.
La **marge commerciale** mesure la performance des activités **commerciales.**

Marge commerciale = Ventes de marchandises – Coût d'achat des marchandises vendues (1)

(1) Achats marchandises +/– Variations de stocks de marchandises (en + ou en – selon le signe dans le compte de résultat).

La **valeur ajoutée** (VA) mesure la **création de richesse** faite par l'entreprise, activités commerciales et industrielles confondues ; son calcul nécessite la connaissance de la valeur produite par les activités industrielles, la « **production de l'exercice** ».

Production de l'exercice = Production vendue + Production stockée + Production immobilisée (1)

(1) immobilisations fabriquées par l'entreprise pour être utilisées par elle-même.

Valeur ajoutée = Marge commerciale + Production de l'exercice – Coût d'achat des matières consommées (1) - Autres charges externes (2)

(1) Achats matières +/– Variations de stocks matières (en + ou en – selon le signe dans le compte de résultat).
(2) comptes 61 et 62.

L'excédent brut d'exploitation (EBE) mesure la **performance globale de l'exploitation** ; il prend en compte toutes les charges d'exploitation à l'exception des dotations.

Excédent brut d'exploitation = Valeur ajoutée + Subventions d'exploitation – Impôts et taxes (1) – Charges de personnel (2)

(1) comptes 63 (2) comptes 64

Le plan comptable propose un tableau de calcul des **soldes intermédiaires de gestion** ; il détermine les soldes expliqués ci-dessus et permet de calculer le résultat de l'exercice (*cf.* p. 77).

Fiche révision *en pratique*

Nous disposons du compte de résultat de la société TRADIBOIS. Spécialisée dans la fabrication et la vente de meubles traditionnels, cette société a étendu son activité par la revente de meubles de cuisine (activité commerciale).

Compte de résultat - Exercice N (en €)

Charges		Produits	
Charges d'exploitation		*Produits d'exploitation*	
Achats de marchandises	120 500	Ventes de marchandises	257 900
Variation stock marchandises	7 900	Production vendue	907 100
Achats de matières	377 400	*Sous-total : montant du CA*	*1 165 000*
Variation stock matières	– 10 100	Production stockée	700
Autres charges externes	136 400	Subventions d'exploitation	1 700
Impôts et taxes	20 900	Reprises sur provisions	900
Salaires et traitements	130 400	Autres produits	700
Charges sociales	70 200	*Total 1*	*1 169 000*
Dotations aux amort. et provisions	90 400	*Produits financiers*	
Autres charges	10 300	De participations	1 400
Total 1	*954 300*	D'autres valeurs mobilières	2 600
Charges financières		*Total 2*	*4 000*
Intérêts et charges assimilées	12 700		
Total 2	*12 700*	*Produits exceptionnels*	
Charges exceptionnelles		Sur opération de gestion	0
Sur opération de gestion	1 800	Sur opération en capital	27 100
Sur opération en capital	23 600	*Total 3*	*27 100*
Total 3	*25 400*		
Impôt sur les bénéfices (4)	69 000		
Total charges 1 + 2 + 3 + 4	*1 061 400*	*Total produits 1 + 2 + 3*	*1 200 100*
Solde créditeur : bénéfice	138 700	Solde débiteur : perte	–
Total général	*1 200 100*	*Total général*	*1 200 100*

Valeur de quelques soldes significatifs en N–1 :
- Marge commerciale : 52 800 €.
- Valeur ajoutée : 472 300 €.
- Excédent brut d'exploitation : 247 100 €.

Suite de l'exemple TRADIBOIS

CALCUL DES RATIOS SIGNIFICATIFS DE LA PERFORMANCE

Marge commerciale =
Ventes de marchandises
– Coût d'achat des marchandises vendues
= 257 900 – (120 500 + 7 900) = 129 500 €.
(Rappel marge commerciale en N–1 = 52 800.)

Production de l'exercice =
Production vendue + Production stockée
= 907 100 + 700 = 907 800 €.

Valeur ajoutée =
Marge commerciale + Production de l'exercice
– Coût d'achat matières – autres charges externes
= 129 500 + 907 800 – (377 400 – 10 100) – 136 400 = 533 600 €.
(Rappel : valeur ajoutée en N–1 = 472 300 €.)

Excédent brut d'exploitation =
VA + Subventions – Impôts et taxes – Salaires – Charges sociales
= 533 600 + 1 700 – 20 900 – 130 400 – 70 200 = 313 800 €.
(Rappel : EBE en N–1 = 247 100 €.)

L'entreprise apparaît plus performante en N, principalement grâce à la progression de la marge commerciale ; les dirigeants ont eu raison de développer une activité commerciale en sus de l'activité de fabrication.

RETENEZ BIEN

Marge commerciale = Ventes de marchandises – Coût d'achat des marchandises vendues
Valeur ajoutée = Marge commerciale + Production vendue +/– Production stockée
– Consommation de l'exercice (matières) – Autres charges externes.
EBE = VA + Subventions d'exploitation – Impôts et taxes – Charges de personnel.

Suite de l'exemple TRADIBOIS

Tableau des soldes intermédiaires de gestion
Exercice N (en €)

Colonne 1 : produits		Colonne 2 : charges		Soldes intermédiaires	
Ventes de marchandises	257 900	Coût d'achat des marchandises vendues	128 400	Marge commerciale	129 500
Production vendue Production stockée Production immobilisée Total	907 100 700 907 800	 Déstockage exercice	 0	Production exercice	907 800
Production exercice Marge commerciale Total	907 800 129 500 1 037 300	Consommation de l'exercice en provenance des tiers	503 700	Valeur ajoutée	533 600
Valeur ajoutée Subventions Total	533 600 1 700 535 300	Impôts et taxes Charges personnel Total	20 900 200 600 221 500	Excédent brut d'exploitation	313 800
Excédent brut d'ex. Reprise sur provisions Autres produits Total	313 800 900 700 315 400	Dotations aux amortis. et provisions Autres charges Total	90 400 10 300 100 700	Résultat d'exploitation	214 700
Résultat d'exploitation, bénéfice Produits financiers Total	214 700 4 000 218 700	Résultat d'exploitation perte (1) Charges financières Total	 12 700 12 700	Résultat courant avant impôt	206 000
Produits exceptionnels	27 100	Charges exceptionnelles	25 400	Résultat exceptionnel	1 700
Résultat courant avant impôt, bénéfice Résultat exceptionnel, bénéfice Total	206 000 1 700 207 700	Résultat courant avant impôt, perte (1) Résultat exceptionnel, perte (1) Impôt sur les bénéfices Total	 69 000 69 000	Résultat de l'exercice	138 700
Produits de cession des actifs	27 100	Valeur comptable des actifs cédés	23 600	Résultat sur cession	3 500

(1) Si le résultat est négatif, il est porté dans la colonne des charges.

R 33 Calculer la capacité d'autofinancement

La capacité d'autofinancement (CAF) est le flux de trésorerie dégagé par l'exploitation ; c'est une somme que l'entreprise peut consacrer au financement des investissements.

Pour calculer la capacité d'autofinancement on doit retenir les seuls flux monétaires (entrées et sorties d'argent) ; elle n'est pas égale au résultat qui prend en compte les dotations et les reprises, charges ou produits calculés mais **non décaissés.**

Calcul à partir du résultat de l'exercice

Capacité d'autofinancement
= Résultat net
+ Dotations aux amortissements et provisions (comptes 68)
– Reprises sur amortissements et provisions (comptes 78)
+ Moins-values sur cessions
– Plus-values sur cessions (différence entre les montants des comptes 775 et 675)

Les dotations ont réduit le résultat alors qu'elles ne correspondent pas à un décaissement ; elles sont réintégrées au résultat pour le calcul de la CAF.

Inversement les produits qui ne correspondent pas à une recette sont soustraits du résultat.

On annule l'influence des plus ou moins-values sur cessions qui sont étrangères à l'exploitation.

Calcul à partir de l'excédent brut d'exploitation

L'EBE est calculé dans le tableau des soldes intermédiaires de gestion.

Capacité d'autofinancement
= Excédent brut d'exploitation
+ Autres produits d'exploitation
+ Produits financiers sauf reprises
+ Produits exceptionnels sauf reprises et compte 775
- Autres charges d'exploitation
- Charges financières sauf dotations
- Charges exceptionnelles sauf dotations et compte 675
- Impôts sur les sociétés

On ajoute à l'excédent brut d'exploitation tous les produits donnant lieu à encaissement sauf ceux résultant des cessions.

On soustrait toutes les charges provoquant un décaissement sauf celles liées aux cessions.

N'oubliez pas de soustraire l'impôt sur les sociétés.

Fiche révision *en pratique*

La société PUBLICADO fabrique des cadeaux publicitaires ; elle envisage un programme d'investissements et veut connaître ses capacités de financement. Le compte de résultat a été établi.

Compte de résultat - Exercice N (en €)

Charges		Produits	
Charges d'exploitation		*Produits d'exploitation*	
Achats de matières et autres approv.	580 600	Production vendue	2 780 000
Variations de stocks matières	12 400	Production stockée	22 000
Autres achats et charges externes	401 600	Subventions d'exploitation	0
Impôts et taxes	66 300	Autres produits d'exploitation	10 000
Rémunération du personnel	780 100	*Produits financiers*	0
Charges sociales	366 500	*Produits exceptionnels (3)*	50 000
Dotations aux amort. et provisions	90 400		
Autres charges	8 800		
Charges financières (1)	106 500		
Charges exceptionnelles (2)	45 000		
Impôts sur les bénéfices	134 600		
Solde créditeur : bénéfice	269 200		
Total général	2 862 000	*Total général*	2 862 000

(1) aucune dotation aux provisions parmi ces charges.
(2) valeur comptable des actifs cédés.
(3) produits des cessions.

L'excédent brut d'exploitation a été calculé :
EBE = (2 780 000 + 22 000) – (580 600 + 12 400 + 401 600 + 66 300 + 780 100 + 366 500) = 594 500 €.

CALCUL DE LA CAPACITÉ D'AUTOFINANCEMENT

À partir du résultat de l'exercice

Résultat net	269 200
+ dotations	+ 90 400
– plus-value de cession	– 5 000
= capacité d'autofinancement	354 600

À partir de l'EBE

Excédent brut d'exploitation	594 500
+ autres produits d'exploitation	10 000
- autres charges d'exploitation	– 8 800
- charges financières	– 106 500
- impôts sur les bénéfices	– 134 600
= capacité d'autofinancement	354 600

RETENEZ BIEN

Bénéfice ——— + Dotations – Reprises / – Plus-values de cession + Moins-values de cession ———► CAF

EBE ——— + autres produits encaissés (sauf compte 775) / – autres charges décaissées / – impôt sur les bénéfices ———► CAF

Fiche révision

R 34 Élaborer le tableau de financement

Le tableau de financement montre la variation des emplois et ressources de l'entreprise entre le bilan au 31/12/N-1 après répartition du résultat et le bilan au 31/12/N avant répartition du résultat.

LE TABLEAU DES EMPLOIS ET RESSOURCES

Le tableau des emplois et ressources montre la variation des éléments stables du bilan.

Emplois		Ressources	
Distributions mises en paiement au cours de l'exercice	(1)	Capacité d'autofinancement de l'exercice	(1)
Acquisitions d'éléments de l'actif immobilisé - immobilisations incorporelles - immobilisations corporelles - immobilisations financières	(4)	Cessions, réductions de l'actif immobilisé Cessions d'immobilisations - incorporelles - corporelles Cession ou réduction d'immobilisations financières	(4)
Réduction des capitaux propres		Augmentation des capitaux propres : augmentation de capital	(2)
Remboursement des dettes financières	(3)	Augmentation des dettes financières	(3)
Total des emplois		Total des ressources	
Variation du fonds de roulement net global (ressource nette)	(5)	Variation du fonds de roulement net global (emploi net)	(6)

(1) La capacité d'autofinancement est une ressource amputée du montant des dividendes versés.

(2) L'augmentation du capital procure des fonds (ressource).

(3) On note à la fois l'augmentation et la réduction des dettes financières.

(4) Les acquisitions d'éléments d'actif sont un emploi important alors que les cessions de ces mêmes éléments procurent une ressource.

(5) Si le « Total des ressources » est supérieur au « Total des emplois », l'exploitation dégage une ressource nette (augmentation du FRNG).

(6) Dans le cas contraire, il y a emploi net, c'est-à-dire réduction du FRNG.

LE TABLEAU DE VARIATION DU FONDS DE ROULEMENT

Le tableau de variation du fonds de roulement montre la variation de l'actif et du passif circulant. Les mouvements du bilan sont analysés selon qu'ils augmentent ou réduisent le besoin de financement. Les variations sont notées en valeur **brute** (postes de l'actif circulant).

Variation du Fonds de Roulement Net Global	Exercice N		
	Besoins (a)	**Dégagements (b)**	**Solde (b) - (a)**
Variation des actifs d'exploitation Stock et en-cours Créances clients et comptes rattachés Variation des dettes d'exploitation Avances et acomptes reçus sur commandes Dettes fournisseurs et comptes rattachés	(1)	(2)	
A - Variation nette « exploitation »			(3)
Variation « hors exploitation » Variation des autres débiteurs Variation des autres créditeurs			
B - Variation nette « hors exploitation »			
Total A + B - Besoin en fonds de roulement ou - Dégagement en fonds de roulement			
Variation « Trésorerie » Variation des disponibilités Variation des concours bancaires courants			
C - Variation de trésorerie			
Variation du FRNG (A + B + C) Emploi net Ressource nette			(4)

(1) La variation est un besoin si :
- un poste d'actif augmente ;
- un poste de passif diminue.

(2) Elle est un « **dégagement** » de ressource si :
- un poste d'actif diminue ;
- un poste de passif augmente.

(3) Solde = Dégagement – Besoins.

(4) Emploi net si (A + B + C) < 0 et ressource nette si (A + B + C) > 0.

Fiche révision
en pratique

Spécialisée dans la fabrication de carénages de motos, la société SPEED souhaite analyser l'évolution de sa structure financière ; le comptable dresse le tableau de financement à partir du bilan en valeurs brutes et de divers renseignements complémentaires.

Bilan en valeurs brutes (en €)

Actif			Passif		
	Exercice N – 1	Exercice N		Exercice N – 1 (après répartition)	Exercice N (avant répartition)
Immobilisations			Capital & réserves	1 155 000	1 155 000
- incorporelles	45 000	45 000	Résultat		43 000
- corporelles	1 745 000	1 892 000	Amort. & provisions	340 000	358 000
- financières	267 000	293 000	Dettes ets de crédit	668 000	900 000
Total	2 057 000	2 230 000	*Total*	2 163 000	2 456 000
Actif circulant			*Passif circulant*		
Stocks et en-cours	385 000	457 000	Dettes et achats	503 000	495 000
Créances	303 000	348 000	Dettes fiscales	80 000	86 000
Disponibilités	1 000	2 000	*Total*	583 000	581 000
Total	689 000	807 000			
Total général	2 746 000	3 037 000	*Total général*	2 746 000	3 037 000

Tableau des immobilisations exercice N

	Valeur brute début exercice	Augmentations	Diminutions	Valeur brute fin exercice
Immobilisations incorporelles	45 000	0	0	45 000
Immobilisations corporelles	1 745 000	358 000	211 000 (1)	1 892 000
Immobilisations financières	267 000	26 000	0	293 000

(1) Valeur origine des installations cédées pour 124 000 €.

Renseignements complémentaires :
L'entreprise a payé des annuités d'emprunt dont 48 000 € de remboursement ; elle a contracté un nouvel emprunt pour 280 000 €.
La capacité d'autofinancement de l'exercice s'élève à 165 000 € et 17 000 € de dividendes ont été payés durant l'exercice N.

Tableau des emplois - ressources (en €)

Emplois		Ressources	
Distributions mises en paiement	17 000	Capacité d'autofinancement de l'exercice	165 000
Acquisitions d'immobilisations		Cessions d'immobilisations	
- immobilisations incorporelles	0	- incorporelles	0
- immobilisations corporelles	358 000	- corporelles	124 000
- immobilisations financières	26 000	- financières	0
Réduction des capitaux propres	0	Augmentation des capitaux propres	0
Remboursement des dettes financières	48 000	Augmentation des dettes financières	280 000
Total des emplois	*449 000*	*Total des ressources*	*569 000*
Variation du FRNG (ressource nette)	120 000	Variation du FRNG (emploi net)	

Tableau de variation du fonds de roulement net global (en €)

	Exercice N		
	Besoin 1	**Dégagement 2**	**Solde 2-1**
Variation des actifs d'exploitation			
Stock et en-cours	72 000		
Créances clients et comptes rattachés	45 000		
Variation des dettes d'exploitation			
Dettes fournisseurs et comptes rattachés	8 000		
A - Variation nette « exploitation »			– 125 000
Variation « hors exploitation »			
Variation des autres débiteurs			
Variation des autres créditeurs		6 000	
B - Variation nette « hors exploitation »			6 000
Total A + B :			
- Besoin en fonds de roulement			– 119 000
ou			
- Dégagement en fonds de roulement			
Variation « trésorerie »			
Variation des disponibilités (a)	1 000		
Variation des concours bancaires courants			
C - Variation de trésorerie			– 1 000
Variation FRNG (A + B + C)			
Emploi net			– 120 000
Ressource nette			

Le FRNG a été notablement accru durant l'exercice N ; cette augmentation a servi à financer le gonflement du BFR dû à l'augmentation des stocks et des créances sur ventes, ainsi qu'à la réduction des dettes sur achats.

Retenez bien

Tableau des emplois – ressources
Noter en ressource : CAF, prix de cession des immobilisations, apport en capital, nouvel emprunt.
Noter en emploi : dividendes distribués, immobilisations acquises, emprunt remboursé.

Tableau de variation du FRNG
Noter en besoin : augmentation d'un actif, réduction d'un passif.
Noter en dégagement : augmentation d'un passif, diminution d'un actif.

R 35 Répartir les charges indirectes

En coûts complets, certaines charges sont directement affectées aux produits – charges directes – alors que d'autres – charges indirectes – doivent transiter par un tableau de répartition.

Étape 1. Répartition primaire

Les charges par nature sont affectées aux « centres de coûts ».

Charges \ Centres de coûts	Transport	Approvisionnement	Production	Distribution
Charges externes Charges de personnel Etc.	→	→	→	→

Chaque charge par nature est affectée dans les différents centres de coût.

Étape 2. Répartition secondaire

Le coût des centres **auxiliaires** (fournisseurs de prestations à d'autres centres) est imputé aux centres **principaux** ou à d'autres centres auxiliaires (bénéficiaires de ces prestations).

Centre auxiliaire 1

10 % des prestations ↓ ↑ *20 % des prestations*

Centre auxiliaire 2

X = Montant total du centre auxiliaire 1

Y = Montant total du centre auxiliaire 2

$$\begin{cases} X = \text{Total R° primaire} + 0{,}20\,Y \\ Y = \text{Total R° primaire} + 0{,}10\,X \end{cases}$$

On résout ce système de 2 équations à 2 inconnues ; puis on termine le tableau de répartition :

Centre auxiliaire 1	Centre auxiliaire 2	Centres principaux
– X →	→	→
	– Y →	→

Étape 3. Calcul du coût des unités d'œuvre :

L'unité d'œuvre est l'unité élémentaire de travail du centre ; son coût est obtenu en divisant le coût affecté au centre par l'activité fournie par ce centre ; pour un centre de production on calcule, par exemple, le coût d'une heure de fonctionnement du centre. Dans le cas où le coût d'un centre est réparti en fonction d'une unité monétaire, on parle de « taux de frais » ; c'est fréquemment le cas du centre regroupant les charges d'administration qui sont réparties entre les produits au prorata du coût de production de ces produits.

Retenez bien

On reporte dans le tableau de répartition les seules charges indirectes.

Fiche révision
en pratique

La société CHAUDEYRAC est une ferronnerie industrielle. Le comptable a réalisé la répartition primaire des charges indirectes pour le mois de mars.

Charges	Entretien	Gestion locaux	Approvisionnement	Production	Administration et distribution
Total R° primaire	47 250	39 000	24 105	312 890	103 260

Les clés de la répartition secondaire ont été définies :

	Entretien	Gestion locaux	Approv.	Production	Adm. et dist.
Entretien	– 100 %	20 %	20 %	60 %	
Gestion locaux		– 100 %	10 %	80 %	10 %

On calcule le coût des centres après répartition secondaire ; il importe de répartir le centre « Entretien » avant le centre « Gestion locaux » puisque le premier fournit des prestations au second.

Charges	Entretien	Gestion locaux	Approvisionnement	Production	Administration et distribution
Total R° primaire	47 250	39 000	24 105	312 890	103 260
Entretien	– 47 250	9 450	9 450	28 350	0
Gestion locaux		– 48 450	4 845	38 760	4 845
Total R° secondaire	0	0	38 400	380 000	108 105

Les unités d'œuvre ou taux de frais sont :
- le nombre de commandes dans le centre « approvisionnement » ; 800 commandes ont été passées ;
- le nombre d'heures machine pour le centre « production » ; 2 400 heures ont été fournies ;
- le coût de production des produits pour le centre « administration et distribution » (les charges générales sont réparties entre les produits au prorata de leur coût de production).

Charges	Entretien	Gestion locaux	Approvisionnement	Production	Administration et distribution
Total R° secondaire	0	0	38 400	380 000	108 105
Unité d'œuvre ou taux de frais			Commande passée	Heure machine	Coût de production
Nombre d'unités ou de taux de frais			800	2 000	(3)
Coût unité ou du taux de frais			48,00 (1)	190,00 (2)	

(1) $\frac{38\,400}{800}$ (2) $\frac{380\,000}{2\,000}$ (3) Non déterminé à ce stade de l'analyse

R 36 Tenir l'inventaire permanent des stocks

La comptabilité analytique impose de connaître en temps réel les mouvements de stock ; l'inventaire est « permanent ».

Pour chaque matière ou produit, on tient une **fiche de stock :**

Entrées				Sorties			
	Quantités	Prix unit.	Montant		Quantités	Prix unit.	Montant
Stock initial Entrée période				Sorties période Stock final (1)			

(1) Stock final = Stock initial + $\sum$ entrées − $\sum$ sorties.

Un inventaire physique de fin de période indique **l'existant réel** alors porté dans la fiche de stock.

Si stock réel < stock calculé → on a un « **manquant d'inventaire** » porté comme une **sortie** fictive.

Si stock réel > stock calculé → on a un « **excédent d'inventaire** » porté comme une **entrée** fictive.

Les entrées sont valorisées :

- au **coût d'achat** pour les matières (coût d'achat = prix d'achat + frais d'achat) ;
- au **coût de production** pour les produits fabriqués.

La valeur des sorties et du stock final est calculée par la méthode CUMP ou PEPS.

Méthode Coût Unitaire Moyen Pondéré
calculé en fin de mois

$$\text{CUMP} = \frac{\text{Valeur SI + Valeur entrées}}{\text{Qtés SI + Qtés entrées}}$$

Ce coût est utilisé pour valoriser en **fin de mois** toutes les sorties et le stock final.

La méthode du CUMP est recommandée par le plan comptable. Appliquez-la lors de l'épreuve si l'énoncé ne précise pas la méthode de valorisation des stocks à utiliser.

Méthode Premier Entré Premier Sorti

❶ Les livraisons et le stock initial sont assimilés à des lots distincts

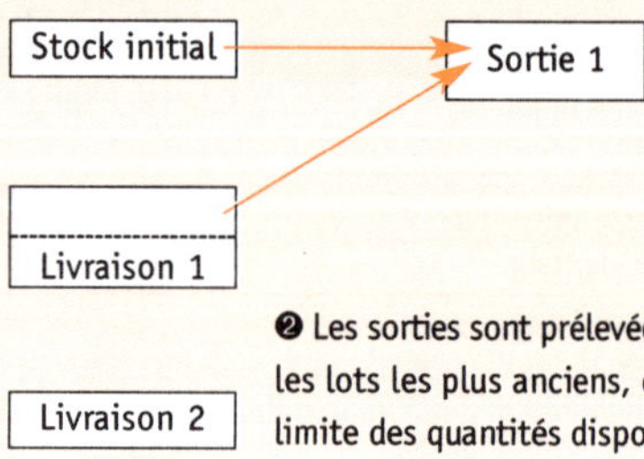

❷ Les sorties sont prélevées dans les lots les plus anciens, dans la limite des quantités disponibles.

Fiche révision
en pratique

La société Mécanique de l'Ondaine est une PME spécialisée dans la fabrication d'engrenages. Elle achète pour cela un alliage.

Le stock de cette matière est géré selon la méthode du CUMP (en €).

Entrées				Sorties			
	Qtés	PU	Montant		Qtés	PU	Montant
Stock initial	280		1 220,60	Sortie 5/5	600	4,37	2 622,00
Achat 3/5	600	4,45	2 670,00	Sortie 12/5	800	4,37	3 496,00
Achat 10/5	1 200	4,30	5 160,00	Sortie 20/5	800	4,37	3 496,00
Achat 12/5	300	4,50	1 350,00	Stock final	180	4,37	786,60
Total	2 380	4,37	10 400,60	Total	2 380	4,37	10 400,60

$$\text{CUMP} = \frac{10\,400{,}60}{2\,380} = 4{,}37\,€.$$

Le CUMP est utilisé pour valoriser toutes les *sorties* et le stock final.

Le comptable veut connaître l'incidence d'une valorisation par la méthode du PEPS.

	Qtés	PU	Montant		Qtés	PU	Montant
Stock initial	280		1 220,60	Sortie 5/5	280	4,36	1 220,60
					320	4,45	1 424,00
					600		2 644,60
Achat 3/5	600	4,45	2 670,00	Sortie 12/5	280	4,45	1 246,00
					520	4,30	2 236,00
					800		3 482,00
Achat 10/5	1 200	4,30	5 160,00	Sortie 20/5	680	4,30	2 924,00
					120	4,50	540,00
					800		3 464,00
Achat 12/5	300	4,50	1 350,00	Stock final	180	4,50	810,00
Total	2 380	4,37	10 400,60	Total	2 380	4,37	10 400,60

Retenez bien

CUMP = SI + entrées en valeur / SI + entrées en quantité.

Il est calculé en fin de mois quand tous les mouvements sont connus.

PEPS = Sorties imputées en priorité sur le stock initial puis sur les lots les plus anciens.

Fiche révision

R 37 Calculer les coûts complets

Pour fixer le prix de vente, comme pour calculer le bénéfice réalisé sur chaque produit, l'entreprise calcule le coût complet de ses produits.

Les coûts sont calculés en plusieurs étapes.
Ces étapes sont bien visibles sur le **schéma technique** qui fournit une représentation de l'activité de l'entreprise ; pour une activité industrielle, nous aurons :

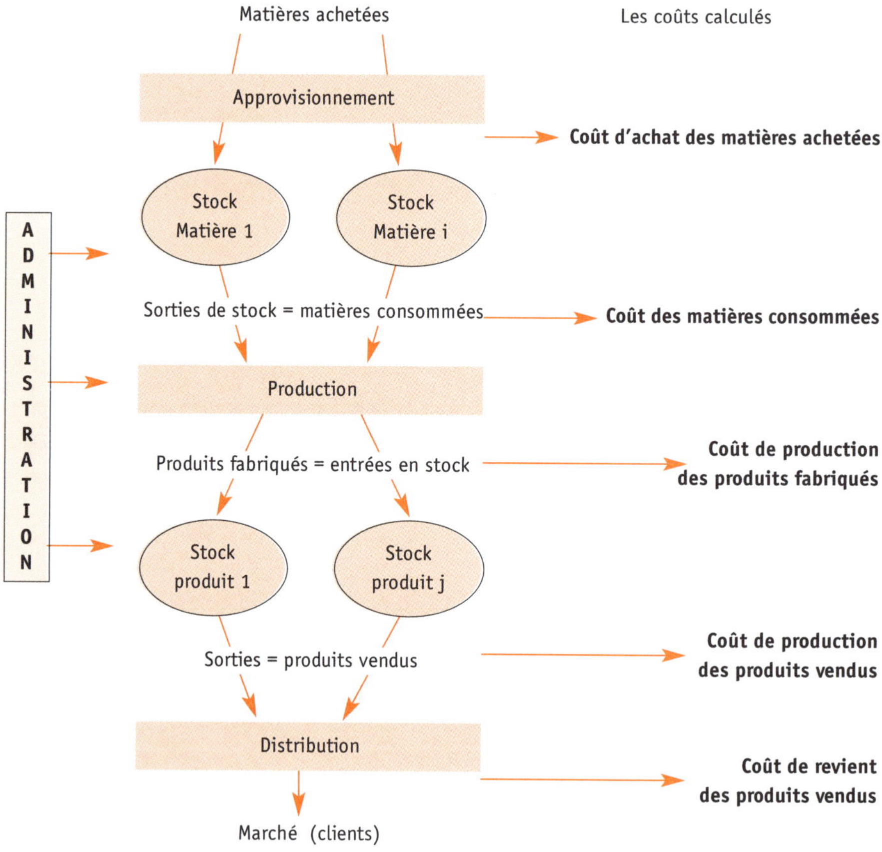

Dans une activité commerciale :
- on calcule le coût d'achat des marchandises au lieu de celui des matières ;
- on ne calcule évidemment pas de coût de production mais, directement à partir du coût d'achat, le coût de revient des marchandises vendues.

Fiche révision

Comment calculer les coûts ?

Activité commerciale

Coût d'**achat** des marchandises achetées = Prix d'achat + Frais d'achat (1)

Compte de **stock** de marchandises

Indique le coût d'achat des marchandises vendues

Activité industrielle

Coût d'**achat** des matières achetées = Prix d'achat + Frais d'achat (1)

Compte de **stock** de matières

Indique le coût d'achat des matières consommées

(1) Frais d'achat = Frais d'achat directs (commission) + Frais d'achat indirects (centre « approvisionnement »)

Coût de **production** des produits fabriqués
= Coût d'achat des matières consommées
+ Frais directs de production (main-d'œuvre)
+ Frais indirects de production
(centre « production »)

Compte de **stock** de produits

Indique le coût de production des produits vendus

Coût **hors production** = Frais de **distribution** + Frais **d'administration** affectés à la marchandise ou au produit

Coût **de revient** des marchandises vendues
= Coût d'achat des marchandises vendues
+ Coûts hors production

Coût **de revient** des produits vendus
= Coût de production des produits vendus
+ Coûts hors production

Retenez bien

Chaque coût est calculé à partir du précédent ; on recherche dans l'énoncé les charges directes et on utilise le tableau de répartition pour calculer les charges indirectes.

Ne pas oublier la présence des stocks ; bien reprendre les matières **consommées**, les marchandises ou produits **vendus.**

La société CHAUDEYRAC souhaite calculer le coût de revient de deux produits : une grille de protection de fenêtre et une plaque de cheminée, toutes deux fabriquées en acier de qualité supérieure.

Activité de la période :
Production : 1 234 grilles de fenêtre et 804 plaques de cheminée.
Ventes : 1 100 grilles de fenêtre au prix de 18 € et 850 plaques de cheminée au prix de 23 €.
Stock initial : aucune grille et 100 plaques pour 2 012 €.

Tableau de répartition des charges indirectes du mois

Charges	Entretien	Gestion locaux	Approvisionnement	Production	Administration et distribution
Total R° secondaire	0	0	38 400	380 000	108 105
Unité d'œuvre ou taux de frais			Commande passée	Heure machine	Coût de production
Nombre d'unités ou de taux de frais			800	2 000	(3)
Coût unité ou du taux de frais			48,00 (1)	190,00 (2)	

Mouvements de la matière « acier qualité supérieure » :
Stock initial : 800 kg pour 1 372 €.
Achats du mois : 9 000 kg pour un coût de 15 200 €, en 10 commandes.
Consommation : 3 800 kg pour la fabrication des grilles et 4 300 kg pour celle des plaques.
Autres charges :
Main-d'œuvre directe (coût 25 € de l'heure) : 248 heures pour les grilles et 110 heures pour les plaques.
Frais d'atelier avec des temps de passage de 30 heures pour les grilles et 35 heures pour les plaques.
On calcule le coût des consommations de matière ; il faut pour ceci, calculer le coût d'achat de la matière puis tenir le compte d'inventaire permanent.
Coût d'achat = Prix d'achat + Frais d'achat (coût de 10 commandes) :
= 15 200 + (10 × 48) = 15 680 €.

Entrées				Sorties			
	Qtés	PU	Montant		Qtés	PU	Montant
Stock initial	800		1 372	P° grilles	3 800	1,74	6 612
Achats	9 000		15 680	P° plaques	4 300	1,74	7 482
				SF	1 700	1,74	2 958
Total	9 800	1,74	17 052	Total	9 800	1,74	17 052

CUMP = 17 052 / 9 800

Calcul du coût de production

	Grilles			Plaques		
	Qtés	PU	Montant	Qtés	PU	Montant
Matière	3 800	1,74	6 612	4 300	1,74	7 482
Main-d'œuvre	248	25,00	6 200	110	25,00	2 750
Frais d'atelier	30	190,00	5 700	35	190,00	6 650
Total	1 234	15,00	18 512	804	21,00	16 882

Coût de production des produits vendus

Il n'y a pas de stock de grilles ; le coût de production des grilles vendues est : 1 100 × 15 = 16 500 €.

Il faut établir le compte de stock pour connaître le coût de production des plaques.

Entrées				Sorties			
	Qtés	PU	Montant		Qtés	PU	Montant
Stock initial	100	20,12	2 012	Ventes	850	20,90	17 765
Production	804	21,00	16 882	SF	54	20,90	1 129
Total	904	20,90	18 894	Total	904	20,90	18 894

CUMP = 18 894 / 904

Coût de production des produits vendus

Coût de revient

Nous avons présenté ici le calcul de coût de deux produits seulement ; l'ensemble des calculs de coûts a été mené et le coût de production de la période est 901 708 €. Nous pouvons calculer le taux de frais du centre « administration et distribution ».

Centre	Administration et distribution
Charges imputées	108 105
Coût de production	901 708
Taux de frais	0,12

Coût de revient et résultat des deux produits

	Grilles			Plaques		
	Qtés	PU	Montant	Qtés	PU	Montant
Coût de production des produits vendus	1 100	15,00	16 500	850	20,90	17 765
Frais d'administration et distribution	16 500	0,12	1 980	17 765	0,12	2 132
Coût de revient	1 100	16,80	18 480	850	23,41	19 897
CA	1 100	18,00	19 800	850	23,00	19 550
Résultat	1 100	1,20	1 320	850	– 0,41	– 347

Les frais d'administration et de distribution sont égaux à 12 % du coût de production.

Le produit « plaques de cheminée » dégage un résultat négatif ; il faut étudier ses conditions de production et vérifier que son prix de vente est assez élevé.

R 38 Étudier la variabilité des charges

Toute entreprise souhaite connaître les conséquences qu'aurait une baisse de son niveau d'activité. L'étude de variabilité des charges répond à ce besoin.

On distingue les charges **variables** et les charges **fixes.**

Charges variables = charges **proportionnelles** au niveau d'activité	Charges fixes = charges **insensibles** aux variations à court terme de l'activité
Ex. : consommation de matières.	Ex. : dotations aux amortissements.

On calcule la marge sur coûts variables puis la marge nette.
Ce calcul peut être réalisé dans le tableau différentiel :

	Montants	% CA
Chiffre d'affaires	(1)	
$-\sum$ Coûts variables	(2)	(2) / (1) × 100
= Marge sur coûts variables	(3) = (1) − (2)	Taux de marge sur coûts variables = (3) / (1) × 100
$-\sum$ Coûts fixes	(4)	
= Marge nette (résultat)	(5) = (3) − (4)	

On peut calculer la **marge sur coûts variables unitaire,** marge dégagée sur la vente d'un produit :
Marge sur coûts variables unitaire = Marge sur coûts variables / Quantité vendue.

$$\text{Taux de marge sur coûts variables} = \frac{\text{Marge sur coûts variables unitaire}}{\text{Prix de vente}}.$$

Le résultat est calculé en fonction du chiffre d'affaires, du taux de marge sur coûts variables et des coûts fixes :

Résultat = (CA × Taux de marge sur coûts variables) − Coûts fixes

On peut ainsi calculer le résultat associé à diverses hypothèses de chiffre d'affaires.

Retenez bien

Marge sur coûts variables = Chiffre d'affaires − $\sum$ Coûts variables.
Marge nette = Marge sur coûts variables − $\sum$ Coûts fixes.
Taux de marge sur coûts variables = Marge sur coûts variables / Chiffre d'affaires.

Fiche révision *en pratique*

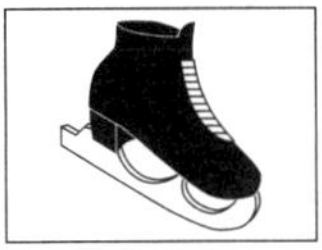

Installée à Albertville, la société GLIS fabrique un modèle de patins à glace. Durant le dernier exercice, elle a produit et vendu 47 500 paires à 60 € la paire.

Le comptable a analysé les charges en fonction de leur caractère de variabilité :

	Montant (€)	Part variable	Part fixe
Achats	552 800	100 %	
Services externes	540 000	30 %	70 %
Impôts et taxes	18 000		100 %
Charges de personnel	986 000	20 %	80 %
Charges financières	234 000		100 %
Dotations	476 000		100 %

Cette répartition permet de calculer les coûts variables et les coûts fixes :

	Montant (€)	Coûts variables	Coûts fixes
Achats	552 800	552 800	
Services externes	540 000	162 000	378 000
Impôts et taxes	18 000		18 000
Charges de personnel	986 000	197 200	788 800
Charges financières	234 000		234 000
Dotations	476 000		476 000
Total	2 806 800	912 000	1 894 800

Le tableau différentiel est alors réalisé :

	Montant (€)	% CA
Chiffre d'affaires	47 500 × 60 = 2 850 000	100 %
− Coûts variables	− 912 000	32 %
= Marge sur coûts variables	1 938 000	68 %
− Coûts fixes	− 1 894 800	
= Marge nette	43 200	

Pour le prochain exercice, les ventes devraient atteindre 50 000 unités, sans variation du prix et des coûts :
CA prévu = 50 000 × 60 = 3 000 000 €.
Résultat = (3 000 000 × 68 %) − 1 894 800 = 146 000 €.

Calculer le seuil de rentabilité

Tout responsable d'entreprise souhaite connaître le niveau d'activité à atteindre pour que l'exploitation soit bénéficiaire ; ce niveau est le « seuil de rentabilité ».

Le seuil de rentabilité peut être calculé en **quantités.**
Chaque unité vendue dégage une marge sur coûts variables ; l'entreprise doit vendre suffisamment de produits pour couvrir ses **frais de structure,** les frais fixes.

$$\text{Seuil de rentabilité en quantités} = \frac{\text{Frais fixes}}{\text{Marge sur coûts variables unitaire}}$$

Le seuil peut aussi être calculé en **chiffre d'affaires.**

$$\text{Seuil de rentabilité en CA} = \frac{\text{Frais fixes}}{\text{Taux de marge sur coûts variables}} = \frac{\text{Frais fixes} \times \text{CA}}{\text{Marge sur CV}}$$

On calcule la date où l'on atteint le seuil de rentabilité : le « **point mort** ».
Le point mort est égal au nombre de jours d'activité pour atteindre le seuil de rentabilité.

Si l'activité est régulière : $\text{Nombre de jours} = \frac{\text{Seuil de rentabilité} \times 360 \text{ jours (1)}}{\text{CA prévu}}$.

(1) ou 330 si l'énoncé indique un mois de fermeture dans l'année ; on compte tous les mois à 30 jours.

Retenez bien

Seuil de rentabilité en quantités = Frais fixes / Marge sur coûts variables unitaire.
Seuil de rentabilité en CA = Frais fixes / Taux de marge sur coûts variables.
Point mort = date d'obtention du seuil de rentabilité.

Fiche révision
en pratique

La société BATIFORT gère deux établissements :
- à Moutiers : fabrication de portes-fenêtres isolantes ;
- à Aiguebelle : fabrication de portes de garage basculantes.

L'établissement de Moutiers ferme en août, alors que celui d'Aiguebelle travaille 12 mois, les congés étant pris par rotation.

Prévision d'exploitation des deux établissements

	Moutiers	Aiguebelle
Quantités vendues	45 000	60 000
Prix de vente	220 €	280 €
Chiffre d'affaires	9 900 000 €	16 800 000 €
Coût variable unitaire	132 €	154 €
Coût fixe total	3 036 000 €	8 200 000 €

RENTABILITÉ DE L'ÉTABLISSEMENT DE MOUTIERS

Marge sur coûts variables unitaire = 220 – 132 = 88 €.

Taux de marge sur coûts variables = $\frac{132}{220} \times 100 = 40\ \%$.

Seuil de rentabilité en CA = $\frac{\text{Frais fixes}}{\text{Marge sur CV unitaire}} = \frac{3\,036\,000}{0,40} = 7\,590\,000$ €.

L'activité est rentable puisque le seuil de rentabilité est inférieur au chiffre d'affaires prévu.

Nombre de jours d'exploitation
pour atteindre le point mort = $\frac{7\,590\,000}{9\,900\,000} \times 330 = 253$ jours.

Le point mort est atteint le 13 octobre, en tenant compte de la fermeture en août.

RENTABILITÉ DE L'ÉTABLISSEMENT DE AIGUEBELLE

Marge sur coûts variables unitaire = 280 – 154 = 126 €.

Taux de marge sur coûts variables = $\frac{126}{280} \times 100 = 45\ \%$.

Seuil de rentabilité en CA = $\frac{\text{Frais fixes}}{\text{Marge sur CV unitaire}} = \frac{8\,200\,000}{0,45} = 18\,222\,222$ €.

Le seuil de rentabilité est supérieur à l'activité prévue ; l'activité n'est pas rentable pour le niveau prévu d'activité. On ne peut pas calculer de point mort.

R40 Calculer les coûts en imputation rationnelle

Les coûts unitaires des produits sont modifiés par une variation du niveau d'activité ; la méthode de l'imputation rationnelle calcule les coûts en gommant l'influence de cette variation d'activité.

On peut représenter l'évolution des coûts unitaires en fonction du niveau d'activité.

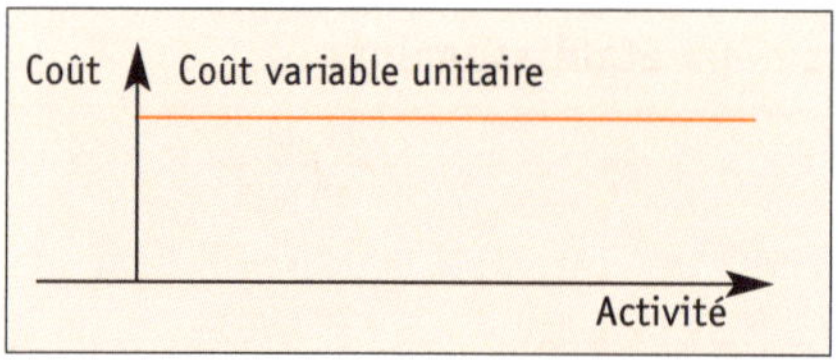

Le **coût variable** unitaire est **constant** (ex. : coût des matières incorporées à un produit).

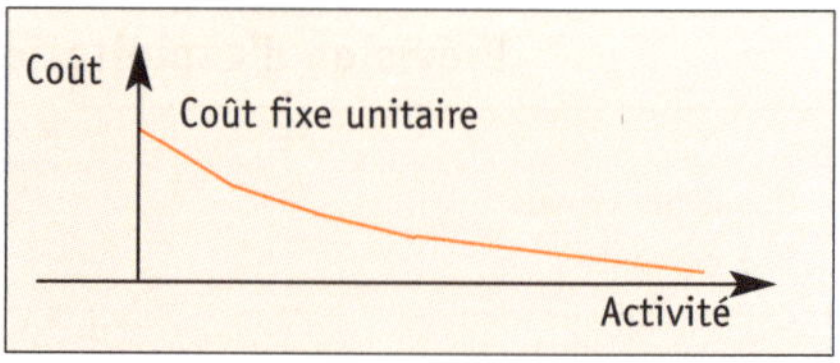

Si les coûts fixes se répartissent entre un plus grand nombre de produits, le **coût fixe** unitaire **diminue**.

Une diminution ou une augmentation du coût unitaire ne signifie pas obligatoirement une plus ou moins bonne gestion ; elle peut être due à la variation de l'activité.

En pratiquant l'imputation rationnelle, **on supprime l'impact de la variation d'activité** sur les coûts unitaires.

$$\text{Coût d'imputation rationnelle} = \text{Coûts variables} + \text{Coûts fixes} \times \frac{\text{Activité réelle}}{\text{Activité normale}}$$

Le rapport Activité réelle / Activité normale est appelé « **coefficient d'imputation rationnelle** » ou « **taux d'activité** » ; les énoncés indiquent soit l'activité réelle et l'activité normale, soit directement ce coefficient.

Si l'activité réelle est inférieure à l'activité normale, on fait apparaître le coût de sous-activité :

Coût de sous-activité = Coûts fixes réels – Coûts fixes imputés

Retenez bien

Coefficient d'activité = Activité réelle / Activité normale.
Coût d'imputation rationnelle = Coûts variables + Coûts fixes × Coefficient d'activité.
Coût de sous-activité = Coûts fixes réels – Coûts fixes imputés.

La société ELECAUTO fabrique un modèle de protection antivol pour automobile. Les coûts fixes mensuels sont de 1 500 000 €. Les coûts variables unitaires s'élèvent à 42,50 €. La production est vendue à un constructeur automobile qui achète normalement 16 000 unités par mois ; un conflit social conduit le client à ramener ses achats de mai à 12 000 unités ; un rattrapage partiel a été réalisé en juin (18 000 unités achetées).

Le comptable a calculé les coûts de production pour les trois derniers mois ; il s'inquiète de la hausse du coût unitaire en mai.

	Avril	Mai	Juin
Production	16 000	12 000	18 000
Coûts variables	680 000	510 000	765 000
Coûts fixes	1 500 000	1 500 000	1 500 000
Cout total	2 180 000	2 010 000	2 265 000
Coût unitaire	136,25	167,50	125,83

Les variations du coût unitaire ne sont pas imputables à la seule gestion de l'entreprise. La variation du niveau d'activité provoque une variation du coût fixe unitaire.

	Avril	Mai	Juin
Coût fixe unitaire	$\frac{1\,500\,000}{16\,000} = 93{,}75$	$\frac{1\,500\,000}{12\,000} = 125{,}00$	$\frac{1\,500\,000}{18\,000} = 83{,}33$

Les coûts sont calculés en imputation rationnelle (production normale = 16 000).

	Avril	Mai	Juin
Production	16 000	12 000	18 000
Taux d'activité	$\frac{16\,000}{16\,000} = 1$	$\frac{12\,000}{16\,000} = 0{,}75$	$\frac{18\,000}{16\,000} = 1{,}125$
Coûts variables	680 000	510 000	765 000
Coûts fixes imputés (1)	1 500 000	1 125 000	1 687 500
Coût d'imputation rationnelle	2 180 000	1 635 000	2 452 500
Coût unitaire	136,25	136,25	136,25

(1) 1 500 000 × Taux d'activité.

La différence « charges fixes – charges fixes imputées » représente le coût de sous-activité :
Coût de sous-activité = 1 500 000 – 1 125 000 = 375 000 €.

L'analyse des coûts en imputation rationnelle montre que le coût de production unitaire du mois de mai est normal ; la hausse était due à la baisse d'activité.

41 Déterminer la rentabilité d'un investissement

Pour savoir si elle doit réaliser un investissement, ou bien pour choisir entre deux investissements, l'entreprise compare les rentrées d'argent prévues au coût de l'investissement.

Le choix d'investissement est fait sur la base des **flux nets de trésorerie** dégagés pendant la durée de vie de l'équipement.
Flux net de trésorerie = **recettes – dépenses.**

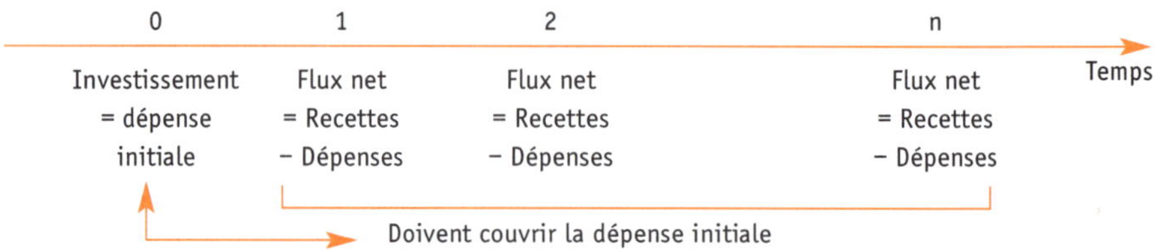

Le délai de récupération

C'est la durée nécessaire pour que le cumul des flux nets **non actualisés** couvrent l'investissement initial.
On réalise l'investissement si le délai de récupération est **inférieur à la durée d'exploitation prévue.**
Si on doit choisir entre deux investissements, on retient celui pour lequel le délai de récupération est le **plus court.**

La Valeur Actuelle Nette (VAN)

La VAN est égale à la valeur **actualisée** de tous les flux nets de trésorerie (FNT) moins l'investissement initial (voir fiche 14).

$$\text{VAN} = -\text{Vo} + \text{FNT } 1\ (1+i)^{-1} + \text{FNT } 2\ (1+i)^{-2} + \ldots\ldots\ldots\ldots + \text{FNT } n\ (1+i)^{-n}$$

Si les flux nets annuels sont tous égaux à la valeur *a* :

$$\text{VAN} = -\text{Vo} + a\,\frac{1-(1+i)^{-n}}{i}$$

Vo = investissement (dépense initiale)
i = taux d'actualisation
n = nombre de périodes

On réalise l'investissement **si la VAN est positive.**
Si on doit choisir entre deux investissements : on retient celui qui dégage la **plus forte VAN.**

Fiche révision
en pratique

La société LOTUS produit des cosmétiques dans son usine de Grasse.
Le directeur souhaite créer un magasin d'usine afin de développer la notoriété de la marque.

Deux projets ont été étudiés :
- projet n° 1 d'un coût de 420 000 € et dégageant un flux net de trésorerie de 93 500 € pendant 6 ans ;
- projet n° 2 d'un coût de 475 000 € qui laisse espérer les flux nets suivants :

Année	1	2	3	4	5	6
FNT	102 500	112 500	125 000	137 500	150 000	150 000

ÉTUDE DU DÉLAI DE RÉCUPÉRATION

Projet n° 1 : délai = 420 000 / 93 500 = 4,5 années, soit 4 ans et 6 mois.
Projet n° 2 : on doit calculer le cumul des flux nets de trésorerie.

Année	1	2	3	4	5	6
Cumul FNT	102 500	215 000	340 000	447 500	627 500	775 500

Délai de récupération ≈ 4 ans.

Dans les deux cas, le délai de récupération est inférieur à la durée de vie du projet (6 ans).

CALCUL DE LA VAN (avec taux d'actualisation de 10 %)

$$\text{VAN projet n° 1} = 420\,000 + 93\,500\ \frac{1-(1{,}10)^{-6}}{0{,}10} = -\ 12\,783\ €.$$

VAN projet n° 2 =
$-\ 475\,000 + (102\,500 \times 1{,}10^{-1}) + (112\,500 \times 1{,}10^{-2}) + \ldots + (150\,000 \times 1{,}10^{-6})$
$\approx 76\,795$ €.

Au taux d'actualisation de 10 %, le projet n° 2 doit être préféré.

RETENEZ BIEN

Délai de récupération : durée pour que les flux nets « remboursent » l'investissement initial. Pas d'actualisation.

$\text{VAN} = -\ V_0 + a\frac{1-(1+i)^{-n}}{i}$ (si les flux nets sont tous égaux à *a*).

Fiche révision

R 42 Établir un plan de financement

L'entreprise qui souhaite disposer d'une nouvelle immobilisation devra soit l'acquérir et prévoir alors le financement correspondant, soit la louer.

L'ENTREPRISE ACHÈTE L'IMMOBILISATION

Elle en est propriétaire : l'immobilisation acquise **figure dans le bilan** et est amortie ; la TVA payée sur le prix du bien est déductible.

Le financement peut être assuré →
- par **apport** de capital (pour les investissements très importants) ;
- par **autofinancement**, c'est-à-dire par la mise en réserve préalable des bénéfices ;
- par **emprunt** auprès d'un établissement de crédit ;
- par obtention d'une **subvention** d'investissement.

L'ENTREPRISE CONTRACTE UN CONTRAT DE CRÉDIT-BAIL

Elle loue l'immobilisation avec option d'achat en fin de période de location.
Elle n'est pas propriétaire du bien ; elle **ne l'inscrit pas** au bilan et ne l'amortit pas.
Elle n'a pas à prévoir de financement mais elle paiera chaque mois ou chaque trimestre une **redevance** à la société de crédit-bail qui a acquis le bien pour le compte de l'entreprise.

Conséquences fiscales : charges déductibles liées au mode de financement retenu.

Contrat de crédit-bail	Acquisition
Pas de dotations aux amortissements La redevance payée chaque mois ou chaque trimestre est une charge externe déductible (compte 612).	Dotations aux amortissements déductibles Si le financement est assuré par emprunt, les intérêts versés sont déductibles (charge financière portée en compte 661).

RETENEZ BIEN

Acquisition → Le bien est amorti. Si l'achat est financé par emprunt, les intérêts sont déductibles.
Crédit-bail → Les redevances versées sont des charges déductibles.

Fiche révision
en pratique

La société CHABON fabrique des aliments pour chats. L'automatisation de la mise sous vide des aliments nécessite un investissement de 1 800 000 € HT. Le directeur financier souhaite étudier les conséquences d'une acquisition et d'une location.

Il vous demande de présenter un tableau des décaissements liés à l'un et l'autre mode de financement, puis de calculer les économies d'impôt générées par les charges déductibles (on retiendra un taux d'impôt sur les sociétés de 33 1/3 %).

Caractéristiques des deux modes de financement envisagés

Acquisition : l'équipement serait amorti sur 5 ans en mode linéaire. Le fonds de roulement permet de n'emprunter que 1 500 000 € ; la banque propose un prêt sur 5 ans, au taux de 9 %, remboursable *in fine*.
Crédit-bail : versement pendant 5 ans d'une redevance trimestrielle égale à 120 750 € ; option d'achat au bout de 5 ans : 300 000 € (l'entreprise utilisera cette option).

Incidence fiscale des deux modes de financement

Calcul des économies annuelles d'impôt procurées par les charges déductibles.

	Acquisition	Crédit-bail
Dotation aux amortissements Intérêts de l'emprunt Redevance annuelle crédit-bail	1 800 000 / 5 = 360 000 1 500 000 × 9 % = 135 000	 120 750 × 4 = 483 000
Économie annuelle d'IS	33 1/3 % × 495 000 = 165 000	33 1/3 % × 483 000 = 161 000

Comparaison des décaissements pour les deux modes de financement envisagés (€)

	1	2	3	4	5
Acquisition					
Versement initial	300 000				
Intérêts de l'emprunt	(1)	135 000	135 000	135 000	135 000
Remboursement emprunt					1 500 000
Crédit-bail					
Redevance annuelle	483 000	483 000	483 000	483 000	483 000
Option d'achat					300 000

(1) Investissement de 1 800 000 € moins emprunt de 1 500 000 €.

Fiche révision

R 43 Établir le budget de trésorerie

En élaborant un budget de trésorerie, l'entreprise peut prévoir les périodes de trésorerie négative (découvert bancaire) ; elle négociera alors une autorisation de découvert auprès de sa banque.

Le budget des recettes

Les recettes sont procurées par les ventes. Mais attention !

- Les ventes sont notées en comptabilité pour leur montant hors taxes alors que l'encaissement correspondant est **toutes taxes comprises.**
- Le paiement est souvent **décalé** par rapport à la vente en raison du crédit client.

➤ Rappel

« 30 jours fin de mois » : règlement à la fin du mois suivant la vente
« 60 jours fin de mois » : règlement à la fin du 2e mois suivant la vente.

	Janvier	Février
Ventes janvier TTC →	montant des ventes « comptant »	Montant des ventes à « 30 jours fin de mois »

Le budget de TVA

Il sert à calculer la TVA à décaisser ; celle-ci sera reportée dans le budget des dépenses.

	Janvier	Février
TVA collectée	Ventes mois × Taux de TVA	
TVA déductible - sur biens et services - sur immobilisations	(Achats de biens + charges soumises) × taux de TVA Éventuellement TVA sur achats d'immobilisations	
TVA à décaisser (1)	TVA de janvier	TVA de février (sera payée en mars)
TVA payée ou crédit de TVA (2)	TVA de décembre	TVA de janvier

➤ Rappels

(1) TVA à décaisser = TVA collectée – TVA déductible sur biens et services et sur immobilisations.

(2) la TVA est payée avec un mois de décalage.

Fiche révision

Le budget des dépenses

Dépenses dont il faut tenir compte →
- Approvisionnements TTC
- Autres charges TTC pour celles soumises à TVA
- TVA calculée dans le budget de TVA
- Immobilisations acquises pour leur montant TTC
- Autres dépenses (IS, remboursement d'emprunt, etc.)

Les décaissements liés aux approvisionnements sont calculés selon les mêmes règles que les encaissements sur ventes :

	Janvier	Février
Achats TTC janvier →		Achats réglés 30 jours fin de mois

Le budget de trésorerie

Il est élaboré en deux étapes :
- calcul du flux monétaire de la période = $\sum$ encaissements – $\sum$ décaissements ;
- calcul de la trésorerie en début et fin de mois.

	Janvier	Février
Encaissements Décaissements Flux période (1)	Le flux monétaire de la période est calculé par la différence entre les encaissements et les décaissements	
Trésorerie début mois	Report de la trésorerie initiale	Report trésorerie fin mois précédent
Trésorerie fin mois	Trésorerie fin mois = trésorerie début mois + flux monétaire mois	

(1) Encaissements – décaissements.

Retenez bien

Reporter pour leur montant TTC les ventes d'une part, les approvisionnements et charges soumises à TVA d'autre part.

Tenir compte du décalage entre la vente et l'encaissement, ou entre l'achat et le décaissement correspondant.

Fiche révision *en pratique*

La société Brico est une quincaillerie industrielle ; son activité est uniquement commerciale et sa clientèle est constituée d'entreprises et d'artisans.

Inquiet de constater des découverts bancaires, le comptable souhaite établir un budget de trésorerie pour le deuxième trimestre.

Vous disposez du bilan intermédiaire au 31/03/N ainsi que des prévisions d'exploitation du deuxième trimestre :

Bilan intermédiaire au 31/03/N en € (extraits)

Actif		Passif	
Créances sur ventes (1)	125 600	Dettes sur achats (2)	106 720
Disponibilités	15 950	Dettes fiscales et sociales (3)	14 900

(1) Encaissables 80 % en avril et 20 % en mai (2) Payables 50 % en avril et 50 % en mai

(3) dont : TVA à décaisser : 8 650 ; dette fiscale payable le 20/04 : 6 250

Prévisions d'exploitation en €

	Avril	Mai	Juin
Ventes de marchandises (HT) (1)	142 000	151 000	134 000
Achats de marchandises (HT) (1)	74 000	77 000	68 000
Autres charges (HT) (1)	44 000	44 000	44 000
Dotations aux amortissements	6 000	6 000	6 000

(1) TVA à 19,6 %

Les ventes sont réglées 30 % comptant, 50 % à 30 jours fin de mois et 20 % à 60 jours fin de mois.

Les achats sont payés 20 % au comptant, 60 % à 30 jours fin de mois et 20 % à 60 jours fin de mois.

Les autres charges sont payables le mois même ; elles sont soumises à TVA à raison de 18 000 € (montant HT).

Budget des ventes (en €)

Il est établi sur la base des ventes TTC, en tenant compte des délais de règlement accordés aux clients, et sans oublier l'encaissement des créances initiales !

		Avril	Mai	Juin
Encaissements créances du bilan		100 480,00	25 120,00	
Ventes TTC				
Avril	169 832,00	50 949,60	84 916,00	33 966,40
Mai	180 596,00		54 178,80	90 298,00
Juin	160 264,00			48 079,20
Total encaissements sur ventes		151 429,60	164 214,80	172 343,60

Budget des achats (en €)

Les règlements sont aussi TTC ; le budget intègre le règlement des dettes sur achats initiales.

	Avril	Mai	Juin
Paiement dettes sur achats du bilan	53 360,00	53 360,00	
Achats TTC			
Avril 88 504,00	17 700,80	53 102,40	17 700,80
Mai 92 092,00		18 418,40	55 255,20
Juin 81 328,00			16 265,60
Total décaissements sur achats	71 060,80	124 880,80	89 221,60

Le budget de TVA (en €)

	Avril	Mai	Juin
TVA collectée sur ventes	27 832,00	29 596,00	26 264,00
TVA déductible			
- sur achats de marchandises	14 504,00	15 092,00	13 328,00
- sur autres charges	3 528,00	3 528,00	3 528,00
TVA à décaisser	9 800,00	10 976,00	9 408,00
TVA payée	8 650,00	9 800,00	10 976,00

Budget de trésorerie (en €)

Il tient compte de tous les encaissements et décaissements.

	Avril	Mai	Juin
Encaissements	151 429,60	164 214,80	172 343,60
Décaissements			
Règlement dette fiscale	6 250,00		
Achats de marchandises	71 060,80	124 880,80	89 221,60
Charges soumises à TVA	21 528,00	21 528,00	21 528,00
Charges non soumises à TVA	26 000,00	26 000,00	26 000,00
TVA	8 650,00	9 800,00	10 976,00
	133 488,80	182 208,80	147 725,60
Flux net de trésorerie	17 940,80	– 17 994,00	24 618,00
Trésorerie début mois	15 950,00	33 890,80	15 896,80
Trésorerie fin mois	33 890,80	15 896,80	40 514,80

Les prévisions de trésorerie de ce deuxième trimestre sont rassurantes ; aucune situation de découvert n'est prévue.

R44 Décrire les entités

Fiche révision

Le premier travail d'une analyse informatique est de décrire les entités, c'est-à-dire les ensembles d'informations qui permettront de réaliser les traitements.

L'entité est un ensemble homogène d'informations.
Dans un village de vacances, par exemple, toutes les informations nécessaires à la gestion des réservations peuvent être groupées en deux entités :
- entité « Bungalow » : description de tous les logements du domaine ;
- entité « Réservation » : description des réservations prises par les clients.

L'occurrence est un terme informatique décrivant une réalisation d'une entité. L'ensemble des informations relatives à un bungalow est une occurrence de l'entité « Bungalow » ; l'entité « Bungalow », décrivant les caractéristiques des 120 bungalows, a 120 occurrences.

Pour décrire l'entité, il faut indiquer :
- **les propriétés** ou **attributs**, c'est-à-dire les informations élémentaires qui composent cet ensemble d'informations : pour l'entité « réservations » : numéro réservation, nom client, adresse client, nombre de personnes, arrhes versées ;
- l'information permettant d'identifier sans ambiguïté une occurrence dans une entité : **l'identifiant** ou **clé primaire :** dans une entité « réservations », le numéro réservation est identifiant mais pas le nom client (plusieurs réservations peuvent être faites au même nom).

L'entité est représentée par un rectangle dans lequel sont indiqués :
- le nom de l'entité ;
- **l'identifiant** (souligné) ;
- les autres attributs.

RÉSERVATION
<u>N° réservation</u>
Nom client
Adresse client
Nombre personnes
Arrhes versées

Le dictionnaire des données aide à définir les attributs de chaque entité ; c'est la liste de toutes les informations (attributs) nécessaires pour traiter l'application.

RETENEZ BIEN

L'identifiant est la propriété qui identifie formellement un individu, un produit, une facture, etc. Il résulte de la mise en place d'une **codification.**

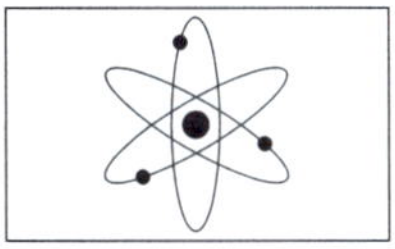

La SARL Fire est spécialisée dans la fabrication de fusées pour feux d'artifice. L'étude du processus de facturation a permis de définir les informations relatives aux clients et aux produits nécessaires pour établir les factures.

Les données sont groupées selon leur nature en **entités** ; on s'assure de l'existence d'un **identifiant** dans chaque entité (créé le plus souvent par un système de codification).

Dictionnaire des données

- N° client
- Nom client
- Adresse rue client
- Adresse ville client
- Code postal client
- Tél. client

→ CLIENT : <u>N° client</u>, Nom client, Adresse rue client, Adresse ville client, Code postal client, Tél. client

- Référence produit
- Désignation produit
- Prix unitaire produit

→ PRODUIT : <u>Référence produit</u>, Désignation produit, Prix unitaire produit

Dans un logiciel de gestion de base de données, chaque entité sera traduite par une **table.** À chaque **attribut** de l'entité correspond un **champ** de la table. Chaque ligne de la table contient les informations d'une occurrence de l'entité. **L'identifiant** est défini comme **clé primaire.**

➤ Exemple

Table « Produits » :

Champs

SGBD – (Table : produit)

Référence	Désignation	Prix unitaire
0763	Fusée haute	100 €
0801	Bouquet multicolore	300 €
0896	Fumigène rouge	8 €

Les tables sont saisies ligne par ligne

Champ défini comme clé primaire

R 45 Définir les associations entre entités

Réaliser une application informatique implique de définir des liens entre les ensembles d'informations (à quel client est destinée la facture établie ?). Ces liens sont créés par les associations.

Dans un logiciel de gestion de bases de données, on établit un lien entre deux tables grâce à une **clé étrangère.**

➤ Exemple

Dans une entreprise, un employé est affecté à un service et à un seul.

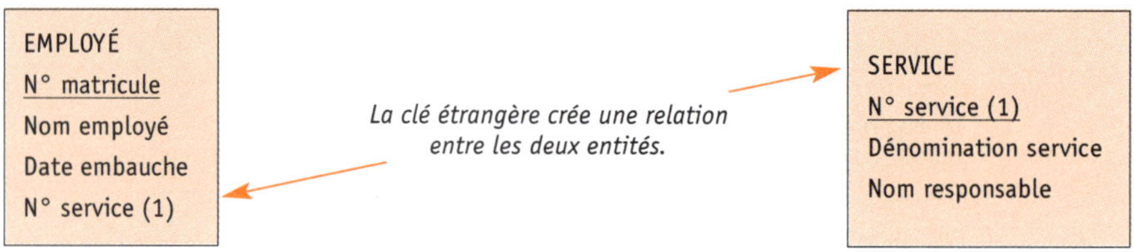

(1) N° service est clé primaire dans l'entité « service » et clé étrangère dans l'entité « employé ».

L'inscription d'une clé étrangère correspond à une « **contrainte d'intégrité** » représentée, dans le schéma conceptuel des données, par une **association hiérarchique** à laquelle on affecte un nom.

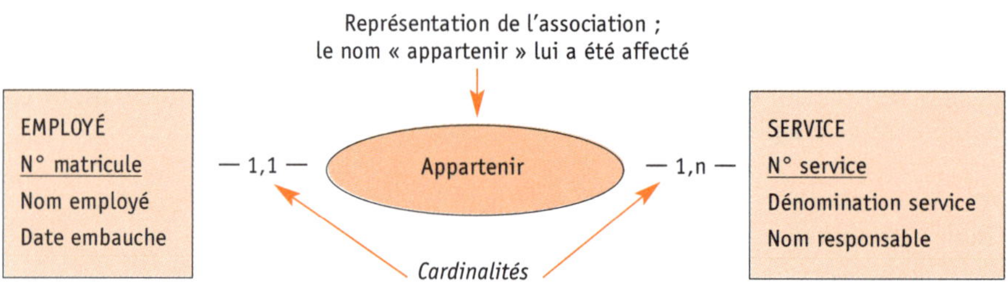

Les « **cardinalités** » ont été notées dans le schéma ci-dessus, sur les liens entre l'association et les entités concernées. On note la **cardinalité minimale** et **la cardinalité maximale :**

1,1 → Un employé est affecté à un service (cardinalité minimale) et un service au plus (cardinalité maximale) → à partir des données concernant un employé, on peut connaître son service d'affectation.

1,n → Un service possède au moins un employé (cardinalité minimale) et au maximum n employés, n étant une limite non définie (cardinalité maximale).

Remarque

Dans le modèle conceptuel, on ne note pas la clé étrangère « N° service » dans l'entité « Employé » ; l'appartenance d'un employé à un service **est indiquée par l'association.**

Fiche révision

On doit parfois, dans un logiciel de gestion de bases de données, créer une table supplémentaire pour décrire une **relation** entre deux tables.

➤ Exemple

Le président d'un club de ski veut connaître les résultats de chaque coureur dans les courses auxquelles il a participé. Le président a rempli deux tables : « Coureur » et « Course » ; il construit une table « Résultat » dont chaque ligne décrit le résultat d'un coureur dans une course.

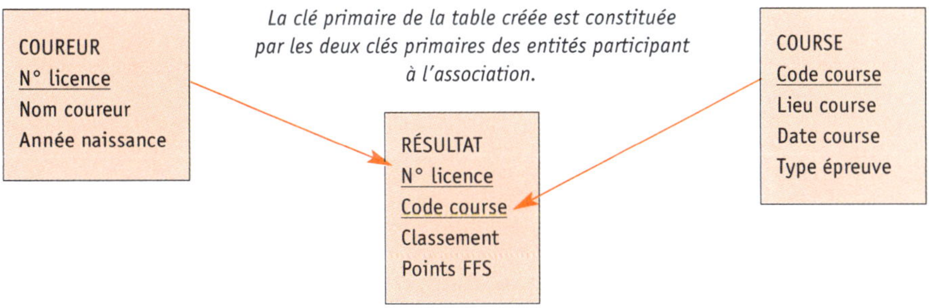

Cette structure de données est représentée par une **association non hiérarchique** dans le schéma conceptuel des données.

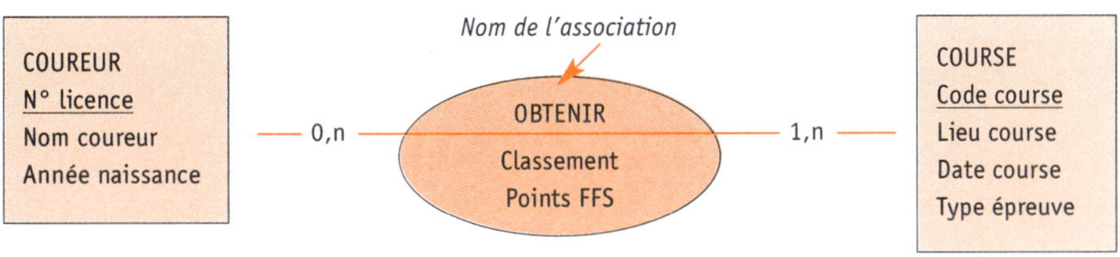

La cardinalité 0,n de « Coureur » signifie qu'un coureur a obtenu 0 à n résultats.
La cardinalité 1,n de « Course » signifie que 1 à n coureurs (manière de dire « plusieurs ») ont participé à une course.

Remarque
Dans le modèle conceptuel, les attributs « N° licence » et « Code course » ne sont pas notés dans l'association « Obtenir ».

Retenez bien

L'association décrit une relation entre deux tables.
Si c'est une relation d'appartenance l'association est hiérarchique ; l'une des cardinalités est 1,1.

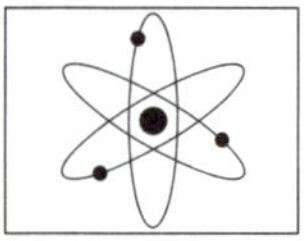

La société FIRE souhaite réaliser sa facturation avec un logiciel de gestion de base de données.
Elle a défini deux entités « Client » et « Produit ». Elle crée une entité « Facture » dont l'identifiant est le « Numéro facture ».
Le client à qui est adressée la facture est connu grâce à une **association hiérarchique** entre « Facture » et « Client ».
La quantité commandée est propre à un **produit sur une facture ;** elle est attribut d'une association entre « Produit » et « Facture ».

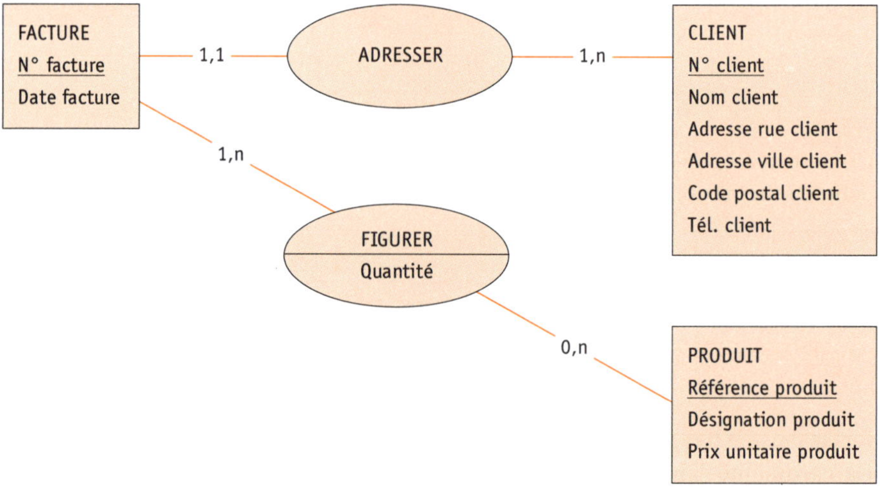

→ Une facture est adressée à un client (et à un seul).
À un client, correspond(ent) 1 à n factures (celles qui lui ont été adressées).
Une facture comporte 1 à n produits.
Un produit figure sur 0 à n factures (un produit peut n'avoir jamais été commandé).

Transcription du modèle dans un logiciel de gestion de bases de données :

Table client

N° client	Nom client	Ad. rue client	Ad. ville client	CP client	Tél client
41115	CFSE	Rue Carnot	Lyon	69 004	04 78 20 42 28
41116	Dufeu	Rue du 8-mai	St Priest	42 270	04 77 02 03 04

Transcription de l'association « adresser » en inscrivant la clé étrangère « N° client ».

Table facture

N° facture	Date facture	N° Client
980112	03/05/N	41116
980113	03/05/N	41258

Table ligne facture

N° facture	N° produit	Quantité
980112	0763	12
980112	0896	50
980113	0801	10

Transcription de l'association « figurer » par une table. Chaque ligne correspond à un produit sur une facture.

Table produit

Référence	Désignation	Prix unitaire
0763	Fusée haute	100 €
0801	Bouquet multicolore	300 €
0896	Fumigène rouge	8 €

46 Écrire le modèle relationnel

À partir du modèle conceptuel, on écrit les relations puis à partir de ces relations, on définit des tables dans le logiciel de gestion de bases de données.

Les relations sont décrites sous une forme schématique normalisée.

➤ Exemple

Relation « ouvrage » dans une bibliothèque.

OUVRAGE (<u>Code ouvrage,</u> Titre ouvrage, Nom auteur principal, Nom éditeur)

Nom relation — *Clé primaire* — *Autres attributs*

À chaque **entité** du modèle correspond une **relation** qui reprend les attributs et la clé de l'entité.

Une **contrainte d'intégrité** (association hiérarchique) est traduite en inscrivant la **clé étrangère** dans la relation.

➤ Exemple

Dans un lycée, chaque élève appartient à une classe.

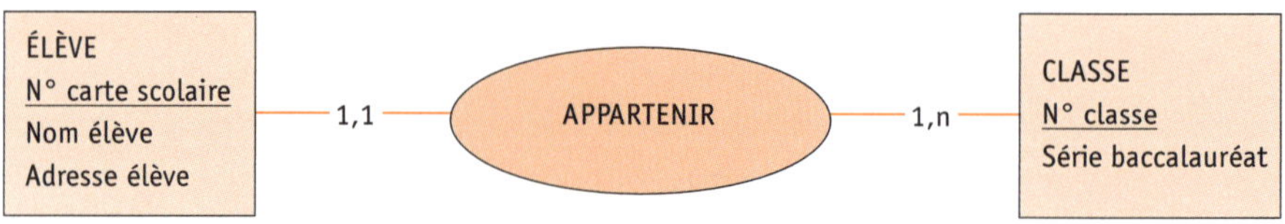

ÉLÈVE (<u>N° carte scolaire,</u> Nom élève, Adresse élève, N° classe #)
CLASSE (<u>N° classe,</u> Série baccalauréat)

Clé étrangère signalée par le symbole #

Une **association non hiérarchique** est traduite par une **relation** dont la clé est constituée par les clés primaires des entités participant à l'association.

➤ Exemple

Chaque professeur d'un lycée enseigne dans plusieurs classes.

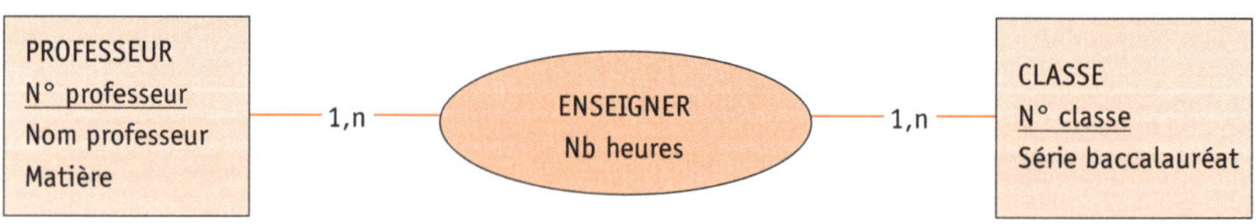

ENSEIGNER (<u>N° professeur, N° classe,</u> Nb heures) ← *Traduction de l'association*

Clé composée des clés primaires des deux entités

Fiche révision
en pratique

Le gérant du village de vacances PLEIN SOLEIL veut créer une base de données pour gérer les réservations de bungalows. Chaque réservation peut concerner un ou plusieurs bungalow(s).
Il a établi le modèle conceptuel :

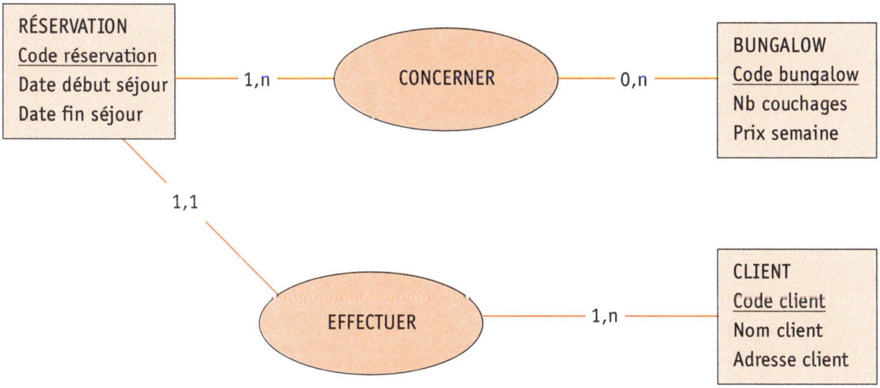

Le modèle relationnel est écrit à partir de ce schéma :

RÉSERVATION (<u>Code réservation,</u> Date début séjour, Date fin séjour, Code client #).
BUNGALOW (<u>Code bungalow,</u> Nb couchages, Prix semaine).
CLIENT (<u>Code client,</u> Nom client, Adresse client).
CONCERNER (<u>Code réservation, Code bungalow</u>).

Quatre tables sont donc nécessaires (une par relation). Les champs de chaque table sont définis par les attributs de la relation correspondante.

RETENEZ BIEN

Une entité → une relation ayant les mêmes attributs que l'entité.
Une association hiérarchique → pas de relation mais une clé étrangère pour noter l'appartenance.
Une association non hiérarchique → une relation.

Exploiter une base de données

Les opérations d'interrogation de la base de données peuvent être décrites par les opérateurs relationnels appliqués aux tables déduites des relations définies.

La « **projection** » permet de sélectionner les champs d'une table.

➤ **Exemple**
Une agence de location de voitures veut éditer une liste de ses véhicules (marque et type) à partir de la table « Voiture » ; la liste sera classée par ordre des marques.
VOITURE (N° immatriculation, Marque, Type, Date achat)
→ Projection sur la table « Voiture »
Attributs projetés : Marque, Type
Critère de tri : Marque

La **sélection** permet de retenir les lignes d'une table (les « tupples ») satisfaisant une condition.

➤ **Exemple**
Un club de sport veut éditer une liste des adhérents nés après 1988 à partir de la table « Membre » ; la liste sera classée par ordre alphabétique.
MEMBRE (N° licence, Nom membre, Prénom membre, Année naissance)
→ Sélection sur la table « Membre »
Critère de sélection : Année naissance > 1988
Critère de tri : Nom membre

La jointure permet de fusionner deux tables en les réunissant ligne par ligne ; les deux tables doivent avoir un attribut commun qui constitue le **critère de jointure.**

➤ **Exemple**
Une entreprise veut éditer une liste des factures avec indication des noms et adresses des clients auxquels elles sont adressées à partir des tables « Facture » et « Client ».

Table Facture

N° facture	Date facture	N° client

\+

Table Client

N° Client	Nom client	Ad. client

Jointure sur N° client

N° facture	Date facture	N° client	Nom client	Ad. client

→ Jointure tables « Facture » et « Client »
Critère de jointure : N° client

Fiche révision
en pratique

Le gérant du village de vacances Plein Soleil veut réaliser plusieurs requêtes sur la base de données constituée :
1 - liste des réservations pour des séjours débutant le 12/08/N,
2 - liste des réservations du client Bontaire.

Le modèle relationnel a été décrit :
RÉSERVATION (Code réservation, Date début séjour, Date fin séjour, Code client #).
BUNGALOW (Code bungalow, Nb couchages, Prix semaine).
CLIENT (Code client, Nom client, Adresse client).
CONCERNER (Code réservation, Code bungalow).

1 - Réservations débutant le 12/08/N (Code réservation et date de fin de séjour)
→ **Sélection** sur la table « Réservation »
Critère de sélection : Date début séjour = 12/08/N
Attributs projetés : Code réservation, Date fin séjour

2 - Réservations du client Bontaire
La table « Réservation » ne contient pas le nom des clients. Il faut donc opérer une **jointure** avec la table « Client » ; cette jointure est possible car les deux tables ont un attribut commun : « Code client ».
On **sélectionnera** ensuite les tupples relatifs au client Bontaire.
On demande l'affichage des informations concernant la réservation : code et dates.

→ Jointure des tables « Réservation » et « Client »
Critère de jointure : Code client
Critère de sélection : Nom client = « Bontaire »
Attributs projetés : Code réservation, Date début séjour, Date fin séjour

48 Connaître les logiciels de gestion

Les logiciels de gestion comprennent les progiciels assurant une fonction type de gestion (comptabilité, paie) et les outils bureautiques permettant à un utilisateur de construire ses propres applications (tableur, système de gestion de bases de données).

Les progiciels comptables

Ils facilitent la réalisation des travaux comptables usuels :
- **saisie** des écritures dans les journaux auxiliaires en contrôlant dans chaque écriture l'égalité $\sum$ débit = $\sum$ crédit ;
- report automatique des montants saisis au journal dans les **comptes** individuels (clients et fournisseurs) et collectifs ;
- édition des **balances ;**
- calcul et édition des documents de synthèse, **bilan et compte de résultat.**

La mise en œuvre des logiciels nécessite plusieurs étapes :
- définition du **plan des comptes** de l'entreprise (comptes individuels notamment) ;
- spécification des **journaux** auxiliaires utilisés ;
- saisie de la **balance** initiale.

Les progiciels de paie

Ils facilitent tous les travaux de calcul de la paie :
- **gestion des fichiers** nécessaires à l'établissement de la paie, et notamment le fichier « Salarié » ;
- mémorisation des modèles de **bulletins de paie** (rubriques à imprimer) ;
- saisie des éléments mensuels variables (heures supplémentaires, frais à rembourser aux salariés, etc.) ;
- calcul et édition des bulletins de paie.

Leur mise en œuvre exige de :
- remplir les fichiers « Société » (identification), « Salariés » et « Caisses de cotisation » ;
- définir les rubriques de la paie qui figureront sur les bulletins en distinguant plusieurs situations (bulletin « cadres », bulletin « non cadre »).

Le tableur

Des formules de calcul inscrites dans une **feuille de calcul** peuvent être sauvegardées sous forme de fichier. On peut ainsi réaliser des calculs répétitifs ou des simulations sous diverses hypothèses.

On peut aussi exploiter dans une feuille de calcul des données contenues dans une autre feuille. Par exemple, le calcul d'une facture utilise les informations contenues dans une autre feuille mémorisant les références, désignations et prix des produits. Le tableur intègre une structure « **base de données** ».

Les données d'un tableau peuvent être représentées par un graphique ; le tableur intègre une fonction **grapheur.**
Les applications du tableur sont nombreuses.
En **comptabilité,** il facilite le calcul des tableaux d'amortissement, des factures, des bulletins de paye.
Il est employé en **calculs financiers** pour établir les ratios de rentabilité d'investissements.

En **comptabilité analytique,** son utilisation permet de calculer les coûts sous diverses hypothèses de niveau d'activité.
En **statistiques,** il convient parfaitement aux calculs de moyennes ou de variances, ou encore à la représentation des séries statistiques par des graphiques.

Le gestionnaire de bases de données

Ses fonctions de base permettent l'exploitation d'une base de données :
- définition de la **structure des tables** (champs de la table) et des relations entre ces tables (contraintes d'intégrité),
- mise à jour des tables (ajout ou modification des données),
- interrogation des tables par des **requêtes** écrites en langage SQL.

Le logiciel de gestion de bases de données relationnelles permet de traiter tout problème de gestion qui exige l'interrogation et la mémorisation de nombreuses données. L'implantation sous système de gestion de bases de données est préparée par l'écriture du modèle conceptuel des données puis du modèle relationnel.

Opérations courantes 1

La société Biplan est spécialisée dans l'aéromodélisme ; les maquettes d'avion fabriquées sont pourvues de moteurs d'une cylindrée de 1,5 à 4 cm³ et d'un système de télécommande. Stagiaire dans cette société, vous devez traiter trois dossiers.

Dossier 1. Acquisition d'un matériel

Actuellement, la société achète les moteurs ; elle a décidé de les fabriquer, ce qui impose l'achat d'un équipement permettant un usinage de précision ; cet achat est financé par un emprunt. Les caractéristiques de cette opération sont indiquées en annexe 1.

➤ Travail à faire

1. Établir le tableau d'amortissement de l'emprunt.
2. Enregistrer dans le journal unique le versement de l'acompte, la réception de la facture, et le déblocage de l'emprunt.

Dossier 2. Enregistrement d'opérations commerciales

La société Biplan a réalisé, le 18 avril, une vente à la société Leroi jouets ; une lettre de change à échéance du 30 juin accompagne la facture. Biplan reçoit la traite acceptée le 22 avril et la remet à l'escompte le 28 du même mois ; elle reçoit le bordereau d'escompte le 30. La facture et le bordereau sont reproduits en annexe 2.

➤ Travail à faire

1. Enregistrer, dans le journal unique de la société Biplan, la facture.
2. Vérifier le montant des intérêts décomptés par la banque et figurant sur le bordereau d'escompte.
3. Enregistrer dans le journal unique la réception de la traite puis les opérations d'escompte.
4. Quels seraient les avantages procurés par l'emploi de journaux divisionnaires à la place du journal unique ?

Dossier 3. État de rapprochement

L'extrait de compte bancaire dans la comptabilité de la société Biplan et le relevé adressé par la banque pour le mois de mai vous sont présentés en annexe 3.

➤ Travail à faire

1. Établir l'état de rapprochement bancaire.
2. Présenter les écritures de régularisation dans le journal de l'entreprise.

Barème indicatif

Dossier 1.	7 points
Dossier 2.	7 points
Dossier 3.	6 points

Annexe 1. Achat de l'équipement

L'équipement choisi est une machine à commande numérique ; le vendeur fournit le logiciel de commande de l'équipement. Un acompte a été versé à la commande, le 10 février. La traite jointe à la facture est signée le 22 mars par le gérant de BIPLAN.

Facture d'achat de l'équipement

Société Mécanique Précision
20 rue des aciéries
42000 St-Étienne

Doit **Biplan**
69500 Bron

Fact. 98015
Date 20/04/N

Équipement MP0015	230 000,00
Logiciel GPAO 2000	7 000,00
Frais de mise en service	5 000,00
Montant hors taxes	242 000,00
TVA 19,60 %	47 432,00
Montant TTC	289 432,00
Acompte versé à la commande	– 25 000,00
Net à payer	264 432,00
Traite n° 126 à 30 jours fin de mois jointe	

Pour financer cet investissement, l'entreprise BIPLAN a obtenu de la Banque des PME un prêt d'un montant de 220 000 €, le solde étant financé sur fonds propres. Le prêt, débloqué le 25 mai, est remboursé par cinq annuités constantes ; le taux d'intérêt est de 9,50 %.

Annexe 2. Facture à enregistrer

BIPLAN, aéromodélisme
69500 Bron

Fact. 1299V
Date 18/04/N

Doit **Centrale achat Leroi jouets**

Modèle	Quantité	Prix unitaire	Montant
Roland-Garros	20	195,00	3 900,00
Saint-Exupéry	30	145,00	4 350,00
		Montant brut	8 250,00
		Remise 15 %	1 237,50
		Net commercial	7 012,50
		Frais de port	337,50
		Net hors taxes	7 350,00
		TVA 19,60 %	1 440,60
		Net à payer	8 790,60
Règlement traite n° 0878L jointe			

Bordereau d'escompte de la lettre de change

Banque de la Presqu'île **Avis de crédit**	Le 30/04/N
Valeur nominale de la traite 0878L remise le 28/04	8 790,60
Commission d'escompte	– 30,00
TVA 19,60 % sur commission	– 5,88
Intérêts 9,5 %	– 146,14
Net à votre crédit	8 608,58

Annexe 3. Extrait de compte et relevé adressé par la banque

Extrait de compte

« banque » dans la comptabilité de Biplan					
Mouvements en débit			Mouvements en crédit		
Dates	Libellés	Montants	Dates	Libellés	Montants
1/05	Solde débiteur	5 713,60	8/05	Chèque 525 SNC	1 163,00
7/05	Remise chèque	1 478,00	10/05	Chèque 526 Laval (*)	860,00
18/05	Ventes de titres	2 560,00	15/05	Retrait espèces	300,00
20/05	Remise chèques	3 070,00	30/05	Effets domiciliés échus	6 946,00
			30/05	Chèque 527 Model	887,20
			31/05	Solde	2 665,40

(*) Après vérification du talon du chèque, au bénéfice de notre fournisseur : 8 450 €.

Banque de la Presqu'île		Extrait de compte au 30/05/N **Sté BIPLAN** 69500 Bron	
Dates	Libellés	Débit	Crédit
1/05	Solde		6 192,50
2/05	Chèque 524	478,90	
7/05	Remise chèques		1 478,00
10/05	Chèque 525	1 163,00	
12/05	Chèque 526	845,00	
14/05	Ventes titres		2 560,00
15/05	Retrait espèces	300,00	
21/05	Remise chèques		3 070,00
22/05	Prélèvement EDF (*)	2 110,50	
25/05	Coupons encaissés		1 245,80
30/05	Frais tenue compte (*)	24,12	
31/05	Solde créditeur		9 624,78

(*) Montant TTC compte tenu de la TVA à 19,6 %.

Opérations courantes

Dossier 1. Acquisition d'un matériel

1. Tableau d'amortissement de l'emprunt

La lecture attentive du texte de l'annexe 1 a permis de repérer la méthode à utiliser : c'est un tableau de remboursement par annuités constantes qu'il ne faut pas confondre avec un tableau de remboursement par amortissements constants (voir fiche 15).

$$\text{Annuité} = 220\ 000 \times \frac{0{,}095}{1 - (1{,}095)^{-5}} = 57\ 296{,}01.$$

Le calcul de l'annuité constante est réalisé soit avec la machine à calculer, soit à l'aide des tables de mathématiques financières. Il s'agit ici de la table n° 4. Il est vivement recommandé de se munir des tables financières tant à l'épreuve écrite du premier groupe qu'à l'épreuve d'oral de rattrapage.

Année	Capital dû	Intérêts	Amortissement	Annuité
1	220 000,00	20 900,00	36 396,01	57 296,01
2	183 603,99	17 442,38	39 853,63	57 296,01
3	143 750,36	13 656,28	43 639,73	57 296,01
4	100 110,63	9 510,51	47 785,50	57 296,01
5	52 325,13	4 970,89	52 325,13	57 296,02

Amortissement = Annuité – Intérêts
Pour la dernière année : Amortissement = Capital dû

2. Enregistrements comptables

Analyse de la facture n° 98015 :
Le fournisseur est Mécanique Précision et le client Biplan, dont nous tenons la comptabilité.
L'acompte est versé. Nous ne confondrons pas l'utilisation des comptes d'acomptes versés lors de l'acquisition d'une immobilisation : compte 238, et celui utilisé lors de l'achat de marchandises : compte 4091.
Au moment du versement de l'acompte par chèque, le compte banque est nécessairement crédité et le compte 238 est donc débité.

	10/02/N		
238	Avances et acomptes versés	25 000,00	
512	Banque		25 000,00
	Acompte sur commande matériel usinage		

	20/04/N		
215	Installations techniques	235 000,00 (1)	
205	Concessions et droits similaires (2)	7 000,00	
44562	TVA déductible sur immobilisations	47 432,00	
238	Avances et acomptes versés		25 000,00
404	Fournisseurs d'immobilisations		264 432,00
	Facture 98015 de SMP		
	22/04/N		
404	Fournisseurs d'immobilisations	264 432,00	
405	Fournisseurs d'immos – Effets à payer		264 432,00
	Acceptation lettre de change de SMP		
	25/05/N		
512	Banque	220 000,00	
168	Autres emprunts et dettes assimilées		220 000,00
	Déblocage emprunt Banque des PME		

(1) Le compte 215 est débité du prix d'acquisition : 230 000 € augmenté des frais de mise en service : 5 000 €.
(2) Les logiciels sont des immobilisations incorporelles.

L'acquisition des immobilisations induit l'utilisation de comptes spécifiques :
- Comptes de classe 2 pour comptabiliser la valeur d'origine (voir fiche 5).
- Compte *44562 TVA déductible sur immobilisations.*
- Compte *238 Acomptes versés sur immobilisations.*
- Compte *404 Fournisseurs d'immobilisations.*
- Compte *405 Effets à payer aux fournisseurs d'immobilisations.*

DOSSIER 2. OPÉRATIONS COMMERCIALES

Nous comptabilisons les opérations chez BIPLAN qui est en en-tête de la facture n° 1299V. Il s'agit donc d'une vente au client LEROI.
Les éléments qui devront être comptabilisés sont : le net commercial, les frais de port, la TVA et le net à payer (voir fiche 2).

1. Enregistrement de la facture

	18/04/N		
411	Client Leroi jouets	8 790,60	
701	Ventes de produits finis		7 012,50
7085	Port et frais accessoires facturés		337,50
4457	TVA collectée		1 440,60
	Facture 1299V à Leroi jouets		

2. Vérification du montant des intérêts

Les intérêts sont calculés au prorata temporis en nombre de jours calculés de la date de remise à l'escompte jusqu'à la date de l'échéance.

Date de remise à l'escompte : le 28 avril.
Date d'échéance : le 30 juin.
Le décompte des jours donne pour avril : 30 – 28 = 2 ; le mois de mai a 31 jours ; 30 jours sont comptés en juin.
Nombre de jours à retenir : 2 + 31 + 30 = 63 jours sur une année de 360 jours.

Le taux d'intérêt est donné par l'énoncé : 9,50 %.
Les intérêts sont calculés sur la base de la valeur nominale de l'effet : 8 790,60 €.

$$\text{Intérêts} = 8\ 790{,}60 \times 9{,}5\ \% \times \frac{63}{360} = 146{,}14\ €.$$

3. Enregistrements comptables

La traite est enregistrée, comme tous les documents comptables, le jour de sa création.
La commission est un service bancaire comptabilisée au débit du compte 627.
La TVA déductible est calculée sur le montant des services bancaires uniquement (voir fiche 8).
L'intérêt est enregistré au débit du compte 661.
Le compte *5114 Effets à l'escompte* est toujours mouvementé de la valeur nominale de la traite.
Le compte *Banques* augmente de la valeur nominale de la traite diminuée des agios.
Les agios sont constitués des éléments suivants : les services bancaires + les intérêts + la TVA.

	18/04/N		
413	Client - Effets à recevoir	8 790,60	
411	Client Leroi jouets		8 790,60
	Lettre de change 0878L sur Leroi jouets		
	28/04/N		
5114	Effets escomptés (1)	8 790,60	
413	Clients - Effets à recevoir		8 790,60
	Remise à l'escompte lettre de change 0878L		
	30/04/N		
512	Banque	8 608,58	
627	Frais de services bancaires	30,00	
44566	TVA déductible sur ABS	5,88	
661	Charges d'intérêts	146,14	
5114	Effets escomptés		8 790,60
	Bordereau d'escompte lettre de change 0878L		

(1) Valeur nominale de la traite.

4. Utilisation des journaux divisionnaires

Les réponses doivent être rédigées avec des phrases construites. Il est important de se relire afin de vérifier que ces réponses sont précises et corriger les fautes d'orthographe.

Les journaux divisionnaires sont spécialisés par type d'écriture : achats, ventes, opérations de banque, etc.
Le regroupement des écritures de même type limite les risques d'erreur. Il est par ailleurs plus facile de retrouver une écriture lors des contrôles ou de la recherche d'une erreur.
Dans les grandes entreprises, la division du travail est facilitée : chaque employé est responsable des écritures passées dans un journal divisionnaire.

Dossier 3. État de rapprochement

1. État de rapprochement bancaire

L'état de rapprochement mérite l'utilisation de méthode. Nous vous avons proposé une démarche très détaillée dans les fiches 10 et 11.
Les soldes à rapprocher sont reportés.
Le pointage des montants colonnes débit et crédit de l'extrait avec ceux du compte Banque est effectué.
Les soldes initiaux sont rapprochés, à partir du solde initial du compte Banque et des sommes adéquates non pointées, dans le relevé bancaire.
Le tracé de l'état de rapprochement est complété et les soldes finaux sont rapprochés.

« Banque » chez BIPLAN		Opérations	« BIPLAN » à la banque	
Débit	Crédit		Débit	Crédit
2 665,40		**Soldes avant rapprochement**		**9 624,78**
	2 110,50	Prélèvement EDF		
	24,12	Frais de tenue de compte		
1 245,80		Encaissement d'intérêts		
15,00		Erreur chèque 526		
		Effets domiciliés échus	6 946,00	
		Chèque 527 Model	887,20	
	1 791,58	**Soldes rapprochés**	**1 791,58**	
3 926,20	3 926,20		9 624,78	9 624,78

2. Écritures de régularisation

Montant hors taxes des charges soumises à TVA et non enregistrées par l'entreprise :
EDF : 2 110,50 / 1,196 = 1 764,63 €. Montant de la TVA = 345,87 €.
Frais de tenue compte : 24,12 / 1,196 = 20,17 €. Montant de la TVA = 3,95 €.

	31/05/N		
606	Achats non stockés, EDF	1 764,63	
627	Frais de services bancaires	20,17	
44566	TVA déductible sur ABS	349,82	
512	Banque		2 134,62
	Suivant détails à l'état de rapprochement bancaire		
	31/05/N		
512	Banque	1 260,80	
764	Revenus des VMP		1 245,80
401	Fournisseur Laval		15,00
	D'après rapprochement bancaire		

Évaluez-vous !

Dossier 1 noté sur 7 points

Question	Barème	Barème détaillé
1	3 pts	Calcul annuité : **1** Tableau des intérêts sur le capital dû : **1** Tableau de l'amortissement par différence « annuité – intérêts » : **1**
2	4 pts	Écriture 10/02 : **0,5** Écriture 20/04 : **1,5** Écriture 22/04 : **1** Écriture 25/05 : **1**

Dossier 2 noté sur 7 points

Question	Barème	Barème détaillé
1	2 pts	– **1** si port mal enregistré
2	1 pt	
3	3 pts	Écriture 22/04 : **0,5** ; Écriture 28/04 : **0,5** Écriture 30/04 : **2** (– **0,5** si pas de calcul de la TVA)
4	1 pt	

Dossier 3 noté sur 6 points

Question	Barème	Barème détaillé
1	3 pts	**0,5** par régularisation
2	3 pts	**0,5** par compte à débiter ou créditer

Opérations de fin d'exercice 2

M. Gaston, comptable de la société GRANBLEU, commence les travaux de fin d'exercice 2N (l'exercice comptable coïncide avec l'année civile). Submergé par cette lourde tâche, il sollicite votre aide.

DOSSIER 1. CALCUL DES AMORTISSEMENTS ET RÉGULARISATION D'UNE CESSION

Les machines-outils de l'entreprise sont détenues au titre d'un contrat de crédit-bail. L'entreprise a acquis le 14 juin N un nouveau véhicule de livraison (marque Mercedes) en remplacement d'un camion de marque RVI cédé le 30 juin.
Sont présentés :
- en annexe 1, le plan d'amortissement du camion RVI ;
- en annexe 2, l'écriture passée lors de la cession du véhicule.

➤ Travail à faire

1. L'entreprise doit-elle amortir les machines-outils ?
2. Indiquer le mode d'amortissement du camion RVI (justifier votre réponse).
3. Établir le plan d'amortissement du camion Mercedes.
4. Enregistrer au journal les dotations aux amortissements de l'exercice.
5. Passer au journal les écritures de régularisation de la cession du camion RVI et calculer le résultat dégagé par cette cession.

DOSSIER 2. AJUSTEMENT DES PROVISIONS

M. Gaston a calculé les provisions pour dépréciation des titres et les a portées dans le tableau des provisions (annexe 3).

➤ Travail à faire

1. Quel est le cours du titre St-Louis au 31/12/N ?
2. Enregistrer au journal la régularisation des provisions sur titres.

DOSSIER 3. RÉGULARISATION DES STOCKS ET DES CHARGES

M. Gaston a enregistré les variations de stocks (annexe 4). En revanche, il n'a pas effectué les régularisations de charges nécessaires (annexe 5).

➤ Travail à faire

1. Quelle erreur a commise M. Gaston dans l'enregistrement des variations de stocks ?
2. Sachant que les achats de matières de l'exercice se sont élevés à 1 051 200 €, indiquer la valeur des matières consommées durant l'exercice.
3. Présenter au journal les écritures de régularisation de charges.
4. À quelle nécessité répondent ces écritures de régularisation ?

Dossier 4. Répartition du bénéfice

Le bénéfice de l'exercice N s'est élevé à 160 000 €.
Sont présentés en annexe 6 :
- un extrait des statuts de la société Granbleu ;
- un extrait du passif du bilan au 31/12/N après répartition.

➤ Travail à faire

1. Indiquer à quoi correspond le report à nouveau figurant au bilan N–1 après répartition.
2. Présenter dans un tableau la répartition du bénéfice N–2, sachant que l'assemblée générale a prévu de doter une réserve facultative de 30 000 €.
3. Compléter l'annexe 6, afin de présenter l'extrait de bilan au 31/12/N après répartition.

Barème indicatif

Dossier 1. 6 points
Dossier 2. 4 points
Dossier 3. 4,5 points
Dossier 4. 5,5 points

Annexe 1. Informations relatives aux véhicules de transport

Plan d'amortissement du véhicule RVI

Immobilisation : camion RVI
Coût d'achat : 80 000 € — Durée de vie : 4 ans
Date d'achat : 24 mai N-4

Année	Base d'amortissement	Dotation exercice	Valeur comptable de fin d'exercice
N-2	80 000	12 000	68 000
N-1	80 000	20 000	48 000
N	80 000	20 000	28 000
N+1	80 000	20 000	8 000
N+2	80 000	8 000	0

• Acquisition du véhicule Mercedes

Coût d'achat : 128 000 € (hors taxes).
Mode d'amortissement : en mode dégressif sur 4 ans (coefficient 1,5).

Annexe 2. Écriture de cession du véhicule RVI

	30/06/N		
512	Banque	35 880,00	
775	Produits de cessions des éléments d'actif		30 000,00
4457	TVA collectée		5 880,00
	Cession du camion RVI		

Annexe 3. Tableau des provisions pour dépréciation des titres

Titres	N° compte	Nombre	Prix d'achat unitaire	Date d'achat	Provision constituée au 31/12/N-1	Provision nécessaire au 31/12/N
SNTF	271	100	90,00	15/05/N-5	440,00	0,00
St-Louis	503	50	276,00	10/09/N-4	0,00	300,00

Annexe 4. Enregistrement des variations de stocks

	31/12/N		
603	Variation stocks	30 800,00	
311	Stock matières premières		30 800,00
	Stock initial		
	31/12/N		
311	Stock matières premières	22 000,00	
603	Variation stocks		22 000,00
	Stock final		
	31/12/N		
603	Variation stocks	43 000,00	
355	Stock produits		43 000,00
	Stock initial		
	31/12/N		
355	Stock produits	47 000,00	
603	Variation stocks		47 000,00
	Stock final		

Annexe 5. Régularisation de charges

Des marchandises d'une valeur hors taxes de 5 400 € (TVA 19,6 %) ont été reçues le 28/12/N alors que la facture du fournisseur Besson ne nous est pas parvenue.

L'entreprise a réglé d'avance début décembre un loyer trimestriel de 18 000 €.

Un emprunt de 210 000 € au taux de 8 % a été contracté début septembre auprès du CCF ; il est remboursable en 6 annuités ; la première échéance est fixée le 1er septembre N+1.

Annexe 6. **Répartition du bénéfice**

- Extrait des statuts de la société GRANBLEU

Article 1. Sur le bénéfice diminué des pertes antérieures, sera prélevé 5 % pour dotation de la réserve légale jusqu'à ce que celle-ci atteigne 10 % du capital.

Article 2. Une réserve statutaire de 15 % du solde sera composée.

Article 3. Le dividende statutaire est égal à 5 % de la valeur des actions.

Article 4. L'assemblée générale annuelle peut prévoir la création d'une réserve facultative.

Article 5. Le solde sera distribué comme superdividende à toutes les actions et sera arrondi à l'euro inférieur.

Extrait de bilan de la société GRANBLEU (passif)

	Bilan au 31/12/N-1 après répartition	Bilan au 31/12/N après répartition
Capital (1)	1 500 000	
Réserve légale	145 000	
Réserve statutaire	240 000	
Réserve facultative	86 000	
Report à nouveau	3 000	

(1) 3 000 actions de 500 €.

Dossier 1. Acquisition d'un matériel

1. Amortissement des machines-outils

Les réponses doivent être rédigées avec des phrases bien structurées.

Ces immobilisations ne doivent pas être amorties car l'entreprise n'en est pas propriétaire.

2. Mode d'amortissement du camion RVI

L'annexe 1 avait été repérée à la lecture du sujet. Les éléments de la réponse figurent dans cette annexe puisqu'on peut constater que les annuités sont constantes sauf la première et la dernière (voir fiche 16).

Il est amorti en mode linéaire : à l'exception des première et dernière annuités modifiées par la règle du « prorata temporis », les dotations sont égales.

3. Plan d'amortissement du camion Mercedes

Pour construire un tableau d'amortissement les éléments suivants sont nécessaires (voir fiche 16) :

a - La valeur d'origine en général hors taxes (sauf pour les véhicules de tourisme).
b - La durée de vie prévue (pour calculer le taux en mode linéaire).
c - La date d'acquisition (éventuellement en mode linéaire la date de mise en service).
d - Le mode d'amortissement du bien.

Les renseignements sont fournis par l'énoncé mais pas au même endroit. Une lecture attentive du sujet permet de gagner du temps lors de la rédaction des solutions.

Taux d'amortissement = 25 % × 1,5 = 37,50 %.

Dotation première année (calculée sur 7 mois) = $128\,000 \times 37{,}50\,\% \times \frac{7}{12} = 28\,000$.

Immobilisation : camion Mercedes

Coût d'achat : 128 000 € — Durée de vie : 4 ans
Date d'achat : 14 juin N

Année	Base d'amortissement	Dotation exercice	Valeur comptable de fin d'exercice
N	128 000	28 000	100 000
N+1	100 000	37 500	62 500
N+2	62 500	31 250 (1)	31 250
2N+3	31 250	31 250 (1)	0

(1) Amortissement en deux fractions constantes car plus avantageux que la poursuite du mode dégressif.

4. Enregistrements comptables

La question porte sur l'enregistrement des dotations aux amortissements de l'exercice.

La réponse à la question 1 a démontré que les machines-outils ne doivent pas être amorties. En revanche l'annexe 1 propose un tableau d'amortissement et le travail de la question 3 a permis la construction d'un second tableau.

Corrigé de l'entraînement

Le camion Mercedes est amorti pour l'annuité N calculée par nos soins en question 3, le camion RVI cédé doit être amorti pour un montant calculé à partir de l'annuité N.

	31/12/N		
681	Dotations aux amortissements et provisions	38 000,00	
2818	Amortissement des autres immobilisations		38 000,00
	Amortissement du matériel de transport		

Camion Mercedes : 28 000 ; camion RVI = $20\,000 \times \frac{180}{360} = 10\,000$.

5. Régularisation de la cession

La cession d'un bien amortissable comporte trois écritures : voir fiche 23.
a - La cession du bien.
b - Le complément d'amortissement.
c - La sortie du bien de l'actif.
L'écriture (a) est proposée en annexe 2.
L'écriture (b) est comptabilisée en réponse à la question 4.
Une lecture attentive de l'énoncé et une compréhension active des questions posées permettent de rédiger le point (c) : la sortie de l'actif.

Montant amorti au jour de cession = 12 000 + 20 000 + 10 000 = 42 000 €.
Valeur comptable au jour de cession = 80 000 – 42 000 = 38 000 €.

	31/12/N		
2818	Amortissement du matériel de transport	42 000,00	
675	Valeur comptable des actifs cédés	38 000,00	
2182	Matériel de transport		80 000,00
	Régularisation cession		

Le résultat de la cession est obtenu par soustraction du montant contenu dans le compte *775 Produits de cession des éléments de l'actif* et du montant contenu dans le compte *675 VNC des éléments cédés.*

La cession dégage une perte de 8 000 € (38 000 € en charges et 30 000 € en produits).

Dossier 2. Ajustement des provisions

1. Cours de l'action St-Louis

La réponse à cette question permet de bien comprendre le fonctionnement du tableau proposé en annexe 3.

Corrigé de l'entraînement

Ne négligez pas la réflexion occasionnée par ces « petites questions », qui sont souvent posées pour aider le candidat à bien axer les réponses aux questions suivantes.
Lisez bien l'en-tête des colonnes d'un tableau.
Repérez la date de l'inventaire pour lequel nous travaillons.

Montant de la provision par titre = $\frac{300}{50} = 6$ €

Valeur de l'action = 276 – 6 = 270 €.

2. Enregistrement des régularisations

La lecture attentive de l'énoncé ou des annexes oblige quelquefois le candidat à compléter de lui-même les informations portées.
L'annexe 3 ne précise pas si la provision constituée au 31/12/N–1 et la provision nécessaire au 31/12/N sont des montants unitaires (par titres), ou totaux (provision unitaire multipliée par le nombre de titres).
Toutefois la logique montre que ces montants sont obligatoirement des totaux si on considère :
a - Les sommes proposées pour les titres SNTF : avec un prix d'achat unitaire de 90 € une provision par titre de 440 € est impossible.
b - Le fait que le tableau soit construit de la même manière pour les deux types de valeurs.
Les éléments de correction pour les écritures suivantes figurent dans la fiche 19.

	31/12/N		
2971	Provision pour dépréciation des titres	440,00	
786	Reprises sur provisions		440,00
	Annulation provision SNTF		
	31/12/N		
686	Dotations aux amortissements et provisions	300,00	
5903	Provisions pour dépréciation des VMP – Actions		300,00
	Provision actions St-Louis		

Dossier 3. Régularisation des stocks et des charges

1. Erreur commise

M. Gaston n'a certainement pas lu votre Plein Pot et n'a donc pas pu consulter la fiche 20 !
M. Gaston a utilisé le compte 603 pour enregistrer les variations de stocks de produits à la place du compte 713.

2. Montant des consommations de matières

Cette question est un petit problème de logique.
Sa solution mérite quelques minutes (pas plus !) de réflexion.

Consommations = Stock initial + Achats de marchandises – Stock final.
Donc : Consommations = Achats de marchandises + (Stock initial – Stock final). Or (Stock initial – Stock final) c'est la variation de stock.

Le solde du compte *« 603 Variations de stocks matières »* est débiteur de 8 800 € (30 800 en débit et 22 000 en crédit) ; il y a eu déstockage.

Montant des consommations = 1 051 200 + 8 800 = 1 060 000.

3. Écritures de régularisation de charges

Les écritures de régularisation des comptes de la classe 6 et de la classe 7 nécessitent pour être correctement traitées :
a - Une bonne compréhension du problème posé et donc une lecture attentive de l'énoncé.
b - La présence à l'esprit du candidat que chaque écriture de régularisation doit comporter un compte de la classe 6 ou un compte de la classe 7.
c - Une lecture approfondie de la fiche 22 **de votre précieux Plein Pot !**

• Marchandises reçues avant la facture → Charge à payer

	31/12/N		
607	Achats de marchandises	5 400,00	
4458	TVA sur factures non parvenues	1 058,40	
408	Fournisseurs – Factures non parvenues		6 458,40
	Livraison fournisseur Besson		

• Loyer payé d'avance → Charge comptabilisée d'avance

	31/12/N		
486	Charges comptabilisées d'avance	12 000,00	
613	Locations		12 000,00
	Loyer janvier et février		

Quel que soit le mode de remboursement de l'emprunt : par amortissement constant ou bien par annuité constante (voir fiche 15**) le montant des intérêts de la première année est identique. En effet, dans les deux cas le capital restant dû en début d'exercice est le même, soit ici : 210 000 €.**

• Intérêts de l'emprunt → Charge à payer
Intérêts pour la période du 01/09/N au 31/08/N+1 = 210 000 x 8 % = 16 800 €.

Intérêts de N qui seront payés en N+1 = 16 800 x $\frac{4}{12}$ = 5 600 €.

	31/12/N		
661	Charges d'intérêts	5 600,00	
1688	Intérêts courus non échus		5 600,00
	Intérêts emprunt CCF		

4. Justification des écritures de régularisation

Voici une question de cours qui vous rapportera quelques points... Les petits ruisseaux font les grands fleuves.

À l'épreuve d'oral, si vous êtes convié(e) au rattrapage, le jury sera favorablement impressionné par une réponse juste à cette question d'ordre général.

Ces écritures permettent de rapporter à l'exercice toutes les charges et tous les produits qui le concernent.

C'est le principe comptable d'autonomie des exercices.

DOSSIER 4. RÉPARTITION DU BÉNÉFICE

1. Report à nouveau

Si la mémoire vous manque à propos de la définition du report à nouveau, peut-être vous souvenez-vous que ce report termine généralement le tableau de répartition du bénéfice. Justement vous devrez effectuer une répartition à la question 2.

Traitez donc la question 2 puis revenez à la première. En tout état de cause consultez la fiche 26.

Il s'agit d'une partie du bénéfice N–1 non affectée en raison de l'arrondi du superdividende au franc inférieur. Il doit être ajouté au bénéfice distribuable de N.

2. Répartition du bénéfice N

Une bonne lecture de l'annexe 6 permet de réaliser sans difficultés le tableau de répartition ci-dessous.

Bénéfice à répartir	160 000,00
Réserve légale (1)	– 5 000,00
Réserve statutaire : (160 000 – 5 000) x 15 %	– 23 250
Report à nouveau de l'exercice précédent	+ 3 000
Bénéfice distribuable	134 750
Dividende statutaire : (500 x 5 %) x 3 000	– 75 000
Réserve facultative	– 30 000
	45 000
Superdividende (2)	– 45 000
Report à nouveau	0

(1) Montant théorique : 160 000 x 5 % = 8 000 €. Mais la réserve légale est limitée à 10 % du capital, soit 150 000 € ; d'où dotation à la réserve légale = 150 000 - 145 000 = 5 000 €.

(2) Superdividende unitaire = $\frac{45\ 000}{500}$ = 90,00 € par action. Superdividende total = 90,00 x 500 = 45 000 €.

Le superdividende ne nécessite pas d'arrondis, le report à nouveau est donc nul.

3. Extrait de bilan après répartition

Pour bien effectuer ce travail, souvenez-vous que le montant des réserves avant la répartition augmente de la dotation calculée dans la répartition du résultat.

	Bilan au 31/12/N-1 après répartition	Bilan au 31/12/N après répartition
Capital	1 500 000	1 500 000
Réserve légale	145 000	150 000
Réserve statutaire	240 000	263 250
Réserve facultative	86 000	116 000
Report à nouveau	3 000	0

À la fin de chaque question, vérifiez la logique de vos réponses et la cohérence de l'ensemble de vos travaux.

Évaluez-vous !

Dossier 1 noté sur 6 points

Question	Barème	Barème détaillé
1	0,5 pt	
2	0,5 pt	
3	2 pts	**0,5** par ligne du tableau d'amortissement
4	1 pt	**0** si le montant de la dotation est faux
5	2 pts	**– 1** si le montant de la valeur comptable est faux

Dossier 2 noté sur 4 points

Question	Barème	Barème détaillé
1	1 pt	
2	3 pts	**1,5** par écriture

Dossier 3 noté sur 4,5 points

Question	Barème	Barème détaillé
1	0,5 pt	
2	0,5 pt	
3	3 pts	**1** par écriture de régularisation
4	0,5 pt	

Dossier 4 noté sur 5,5 points

Question	Barème	Barème détaillé
1	0,5 pt	
2	3 pts	**0,5** par étape de calcul : réserve légale, réserve statutaire ; bénéfice distribuable ; dividende statutaire ; réserve facultative ; superdividende.
3	2 pts	**0,5** pour chaque montant modifié.

Analyse comptable **3**

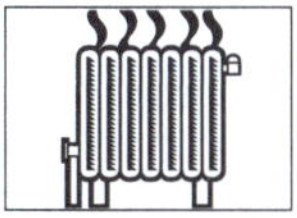

Bien implantée dans le secteur des systèmes de régulation de chauffage, la société HECTOLOGIE a connu depuis quelques années une forte croissance ; elle souhaite réaliser l'analyse de son bilan et de son compte de résultat.

DOSSIER 1. ÉTUDE DE L'EXPLOITATION

➤ Travail à faire

1. À partir de l'extrait de balance présenté en annexe 1, remplir le tableau des soldes intermédiaires de gestion en complétant l'annexe 5.

DOSSIER 2. ÉTUDE DES ÉQUILIBRES FINANCIERS

1. À partir des bilans condensés présentés en annexe 2, présenter le bilan fonctionnel des deux exercices N–1 et N.
2. Calculer le fonds de roulement net global et le besoin en fonds de roulement des deux exercices.
3. Étude par les ratios

3.1. Calculer, pour l'exercice N, les ratios de couverture des capitaux stables et d'autonomie financière. Commenter les résultats.

3.2. Calculer, pour l'exercice N, le ratio de rotation des stocks de marchandises.

DOSSIER 3. ÉLABORATION DU TABLEAU DE FINANCEMENT

1. Calculer la capacité d'autofinancement de l'exercice N.
2. Compléter le tableau emplois – ressources de l'annexe 6 ; vous utiliserez les données de l'annexe 3.

BARÈME INDICATIF

Dossier 1.	6,5 points
Dossier 2.	8 points
Dossier 3.	5,5 points

Annexe 1. Extrait de la balance après inventaire (en €)

601	Achats matières	856 900	645	Charges sociales	417 000
6031	Variation stock matières	23 000 (Déb.)	661	Charges d'intérêt	275 600
6037	Variation stock march.	14 000 (Créd.)	675	VC actifs cédés	226 400
606	Achats non stockés	43 800	681	Dotations	260 800
607	Achats marchandises	1 230 700	695	Impôts sur les bénéfices	108 000
613	Locations	301 100	701	Production vendue	3 107 000
615	Entretien et réparations	297 600	707	Ventes de marchandises	2 001 500
622	Honoraires	303 400	713	Production stockée	74 700 (Créd.)
624	Transport de biens	91 000	760	Produits financiers	124 400
630	Impôts et taxes	87 700	775	Produits cessions actifs	250 000
641	Salaires	909 800	781	Reprises sur provisions	28 900

Annexe 2. Bilan condensé exercices N–1 et N (en €)

Bilan actif	N–1	N	Bilan passif	N–1	N
Immobilisations			Capitaux propres	1 131 300	1 247 900
Valeurs brutes	1 820 000	2 315 800			
– Amortissements	415 600	580 800	Dettes financières	650 400	908 100
Valeurs nettes	1 404 400	1 735 000			
			Dettes d'exploitation		
Actif circulant			Dettes sur achats	408 000	431 600
Stock matières	54 700	45 300	Dettes fiscales	118 700	135 000
Stock marchandises	202 100 (1)	243 700 (3)			
Créances	625 200 (2)	697 100 (4)			
Disponibilités	22 000	1 500	Total général	2 308 400	2 722 600
Total général	2 308 400	2 722 600			

(1) après soustraction des provisions à raison de 12 000 €.
(2) après soustraction des provisions à raison de 20 500 €.
(3) après soustraction des provisions à raison de 8 000 €.
(4) après soustraction des provisions à raison de 27 800 €.

Annexe 3. Données complémentaires pour l'élaboration du tableau emplois – ressources

- Tableau des immobilisations exercice N

	Valeur brute début exercice	Augmentation exercice	Diminution exercice	Valeur brute fin exercice
Immobilisations	1 820 000	785 600	289 800 (1)	2 315 800

(1) Valeur d'acquisition de l'équipement cédé.

- Distribution de dividendes durant l'exercice N : 51 100 €.
- Emprunts : l'entreprise a remboursé 42 300 € sur les emprunts en cours au 01/01/N ; elle a contracté un nouvel emprunt pour un montant de 300 000 €.

Annexe 4. Ratios de structure utilisés par l'entreprise

$$\text{Ratio de couverture des emplois stables} = \frac{\text{Ressources stables}}{\text{Emplois stables}}$$

$$\text{Ratio d'autonomie financière} = \frac{\text{Endettement}}{\text{Ressources propres}}$$

$$\text{Délai de rotation des stocks} = \frac{(\text{Stock initial} + \text{Stock final}) / 2}{\text{montant des achats de marchandises}} \times 360$$

Annexe 5. Tableau des SIG (à compléter)

Colonne 1 : produits	Exercice N	Colonne 2 : charges	Exercice N	Soldes intermédiaires	Exercice N
Ventes de marchandises		Coût d'achat des marchandises vendues		Marge commerciale	
Production vendue Production stockée Production immobilisée Total		Déstockage exercice		Production exercice	
Production exercice Marge commerciale Total		Consommation de l'exercice en provenance des tiers		Valeur ajoutée	
Valeur ajoutée Subventions Total		Impôts et taxes Charges personnel Total		Excédent brut d'exploitation	
Excédent brut d'ex. Reprise sur provisions Autres produits Total		Dotations aux amortis. et provisions Autres charges Total		Résultat d'exploitation	
Résultat d'exploitation, bénéfice Produits financiers Total		Résultat d'exploitation, perte Charges financières Total		Résultat courant avant impôt	
Produits exceptionnels		Charges exceptionnelles		Résultat exceptionnel	
Résultat courant avant impôt, bénéfice Résultat exceptionnel, bénéfice Total		Résultat courant avant impôt, perte Résultat exceptionnel, perte Impôts sur les bénéfices Total		Résultat de l'exercice	
Produits de cession des actifs		Valeur comptable des actifs cédés		Résultat sur cession	

Annexe 6. Tableau des emplois – ressources (à compléter)

Emplois		Ressources	
Distributions mises en paiement au cours de l'exercice		Capacité d'autofinancement	
Acquisitions d'éléments de l'actif immobilisé - immobilisations incorporelles - immobilisations corporelles - immobilisations financières		Cessions, réductions de l'actif immobilisé Cessions d'immobilisations - incorporelles - corporelles Cession ou réduction d'immos financ.	
Réduction des capitaux propres		Augmentation des capitaux propres : - augmentation de capital	
Remboursement des dettes financ.		Augmentation des dettes financ.	
Total des emplois		Total des ressources	
Variation du Fonds de roulement net global (ressource nette)		Variation du Fonds de roulement net global (emploi net)	

DOSSIER 1. ÉTUDE DE L'EXPLOITATION : TABLEAU DES SOLDES INTERMÉDIAIRES DE GESTION (en €)

Colonne 1 : produits	Exercice N	Colonne 2 : charges	Exercice N	Soldes intermédiaires	Exercice N
Ventes de marchandises	2 001 500	Coût d'achat des marchandises vendues	1 216 700	Marge commerciale	784 800
Production vendue	3 107 000				
Production stockée	74 700	Déstockage exercice			
Production immobilisée					
Total	3 181 700			Production exercice	3 181 700
Production exercice	3 181 700				
Marge commerciale	784 800				
Total	3 966 500	Consommation de l'exercice en provenance des tiers	1 916 800	Valeur ajoutée	2 049 700
Valeur ajoutée	2 049 700	Impôts et taxes	87 700		
Subventions		Charges personnel	1 326 800		
Total	2 049 700	Total	1 414 500	Excédent brut d'exploitation	635 200
Excédent brut d'ex.	635 200				
Reprises sur provisions	28 900	Dotations aux amortis. et provisions	260 800		
Autres produits		Autres charges			
Total	664 100	Total	260 800	Résultat d'exploitation	403 300
Résultat d'exploitation, bénéfice	403 300	Résultat d'exploitation, perte			
Produits financiers	124 400	Charges financières	275 600		
Total	527 700	Total	275 600	Résultat courant avant impôt	252 100
Produits exceptionnels	250 000	Charges exceptionnelles	226 400	Résultat exceptionnel	23 600
Résultat courant avant impôt, bénéfice	252 100	Résultat courant avant impôt, perte			
Résultat exceptionnel, bénéfice	23 600	Résultat exceptionnel, perte			
		Impôts sur les bénéfices	108 000		
Total	275 700	Total	108 000	Résultat de l'exercice	167 700
Produits de cession des actifs	250 000	Valeur comptable des actifs cédés	226 400	Résultat sur cession	23 600

Le tracé du tableau des soldes intermédiaires de gestion vous sera fourni aussi bien à l'épreuve écrite qu'à l'épreuve d'oral de rattrapage.
Les rubriques de ce tracé guident la manière de le compléter correctement, ainsi que la fiche 32 de votre Plein Pot.
Une vision globalisée du tableau permet d'éviter des erreurs :
a - Les soldes intermédiaires sont obtenus par différence entre des produits (colonne 1) et des charges (colonne 2).
b - Les soldes sont reportés dans les rubriques suivantes,
- dans la colonne des produits s'ils sont positifs,
- dans la colonne des charges s'ils sont négatifs.

Corrigé de l'entraînement

➤ **Exemple**

L'excédent brut d'exploitation est en colonne 1 tandis que l'insuffisance brute d'exploitation est en colonne 2 de la même ligne.
Le résultat d'exploitation positif est porté en bénéfice en colonne 1, la perte d'exploitation est portée en colonne 2.
La dernière ligne du tableau des soldes intermédiaires de gestion permet de dégager les plus ou moins-values de cessions obtenues en comparant par soustraction les montants des comptes *775 Produits de cession des éléments de l'actif* et *675 Valeur nette comptable des éléments d'actif cédés.*

DOSSIER 2. ÉTUDE DES ÉQUILIBRES FINANCIERS

1. Présentation du bilan fonctionnel

Pour construire le bilan fonctionnel la lecture de la fiche 28 rappellera que :
a - les valeurs d'actif sont présentées en valeurs brutes,
b - les amortissements et les provisions sont rattachés aux ressources stables.
Les petites notes inscrites sous le bilan apportent des renseignements fondamentaux pour construire le bilan fonctionnel.
Toutes les sommes portées dans le bilan fonctionnel doivent être justifiées par le détail des sommes additionnées. Pour l'épreuve écrite, des sommes présentées sans le détail peuvent ne pas être prises en compte dans l'évaluation du travail remis par le candidat. À l'oral de rattrapage, le jury demandera la justification des sommes si le candidat ne l'énonce pas de lui-même.

	N-1	N		N-1	N
Emplois stables	1 820 000	2 315 800	**Ressources stables**		
(immobilisations brutes)			Capitaux propres	1 131 300	1 247 900
			Am. & provisions	448 100 (2)	616 600
			Dettes financières	650 400	908 100
				2 229 800	2 772 600
Actif circulant	936 5001 (1)	1 023 400	**Passif circulant**	526 700 (3)	566 600
Total actif	2 756 500	3 339 200	**Total passif**	2 756 500	3 339 200

(1) 54 700 + (202 100 + 12 000) + (625 200 + 20 500) + 22 000.
(2) 415 600 + 12 000 + 20 500.
(3) 408 000 + 118 700.

Les totaux actif et passif du bilan fonctionnel doivent être égaux.

2. Calcul du FRNG et du BFR

Le bilan fonctionnel est un outil à partir duquel des calculs puis des analyses sont effectués. Les définitions bien maîtrisées du fonds de roulement, du besoin en fonds de roulement permettent de bien assimiler les mécanismes des différents calculs. Vous trouverez ces définitions dans la fiche 29 de votre Plein Pot.

Pour bien réussir à ce type de question ne pas oublier de :

a - justifier les calculs et développer les montants à additionner pour obtenir un résultat,

b - comparer les résultats de deux ou trois exercices et apporter un commentaire même succinct.

À l'épreuve de l'oral de rattrapage commenter les résultats obtenus produira un effet favorable sur le jury.

FRNG N–1 = 2 229 800 – 1 820 000 = 409 800 €.
FRNG N = 2 772 600 – 2 315 800 = 456 800 € → soit une progression de 47 000 €.
BFR N–1 = (936 500 – 22 000) – 526 700 = 387 800 € (1)
BFR N = (1 023 400 – 1 500) – 566 600 = 455 300 € (1)

➤ **Rappel**

(1) : BFR = Actif circulant hors trésorerie – Passif circulant.

3. Étude par les ratios

3.1. Ratios de structure

La méthode de calcul des ratios est généralement fournie par l'énoncé. Vous trouverez les éléments relatifs aux ratios de structure à la fiche 31.
Le candidat doit justifier ses calculs et expliquer la provenance des sommes mises en rapport.
Ce souci de précision est apprécié aussi bien à l'épreuve écrite qu'à l'épreuve de l'oral de rattrapage.
Les résultats obtenus pour les calculs des différents ratios doivent être commentés. Pour bâtir ce commentaire appuyez-vous sur la comparaison dans le temps (d'un exercice à l'autre).

	Exercice N-1	Exercice N
Couverture des emplois stables	$\frac{2\,229\,800}{1\,820\,000} = 1{,}23$	$\frac{2\,772\,600}{2\,315\,800} = 1{,}20$
Autonomie financière = $\frac{\text{Endettement}}{\text{Ressources propres}}$	$\frac{650\,400}{1\,579\,400} = 0{,}41$	$\frac{908\,100}{1\,864\,500} = 0{,}49$

Le niveau de couverture des emplois stables a été sensiblement maintenu grâce à une augmentation de l'endettement.

3.2. Ratios de rotation

Le ratio de rotation des stocks permet d'évaluer le nombre de jours moyens pendant lesquels les marchandises demeurent dans les stocks de l'entreprise (voir fiche 30).
Le commentaire relatif au résultat trouvé après calcul dépend principalement de la qualité des marchandises stockées. Une lecture attentive de l'énoncé vous aidera à clarifier votre réponse.
La valeur du stock est indiquée par les bilans (stock du bilan N–1 = stock au 01/01/N) et le montant des achats est contenu dans l'extrait de balance présenté en annexe 1.

$$\text{Délai de rotation} = \frac{(202\,100 + 243\,700) / 2}{1\,230\,700} \times 360 \approx 65 \text{ jours.}$$

Dossier 3. Tableau de financement

1. Calcul de la capacité d'autofinancement de l'exercice N

L'étude de la fiche 33 détaille le calcul de la Capacité d'Autofinancement (CAF) par les deux méthodes :
- à partir du résultat,
- à partir de l'excédent brut d'exploitation (EBE du tableau des soldes intermédiaires de gestion).
Si aucune des deux méthodes n'est imposée par l'énoncé, choisissez (bien sûr !) celle avec laquelle vous êtes plus « à l'aise ». L'autre méthode servira de vérification, à condition d'avoir le temps de répondre à toutes les questions restantes.

Bénéfice exercice....	167 700	EBE..........................	635 200
+ Dotations	+ 260 800	+ Produits financiers	+ 124 400
– Reprises	– 28 900	– Charges financières	– 275 600
– Plus-value cession...	– 23 600	– Impôt sur les sociétés....	– 108 000
= CAF	376 000	= CAF	376 000

2. Tableau emplois – ressources

La fiche 34 traite du tableau de financement.
Pour compléter correctement la première partie de ce tableau, une bonne lecture :
- du sujet,
- des intitulés des montants à trouver est indispensable. L'annexe 3 du présent cas fournit beaucoup d'informations qui ont été directement reportées dans le tableau aux rubriques :
- dividendes mis en distribution,
- acquisitions d'éléments de l'actif immobilisé,
- remboursement des dettes financières et augmentation des dettes financières.

La capacité d'autofinancement calculée à la question précédente doit être reportée du côté ressource. (La somme inscrite dans le tableau de financement doit être strictement égale au résultat de la question précédente, faute de quoi le jury à l'écrit comme à l'oral constatera une incohérence de raisonnement.)
Toutes les informations ne sont pas fournies au même endroit de l'énoncé (ce serait trop facile) ! Ainsi la valeur de cession des immobilisations corporelles est contenue au crédit du compte *775 Produit de cession des éléments d'actif cédés* (voir fiche 23).
La différence entre le total des ressources et des emplois donnera la variation du fonds de roulement net global... et si tout va bien ce résultat est le même que celui trouvé en question 2.

Dans le cas contraire pas de panique, une petite erreur peut fausser le résultat. Terminez les autres questions et si quelques minutes vous restent, revenez sur vos calculs.

Tableau emplois-ressources

Emplois		Ressources	
Distributions mises en paiement au cours de l'exercice	51 100	Capacité d'autofinancement	376 000
Acquisitions d'éléments de l'actif immobilisé - immobilisations incorporelles - immobilisations corporelles - immobilisations financières	 785 600	Cessions, réductions de l'actif immobilisé Cessions d'immobilisations - incorporelles - corporelles Cession ou réduction d'immobilisations financières	 250 000
Réduction des capitaux propres		Augmentation des capitaux propres : - augmentation de capital	
Remboursement des dettes financières	42 300	Augmentation des dettes financières	300 000
Total des emplois Variation du Fonds de Roulement Net Global (ressource nette)	879 000 47 000	Total des ressources Variation du Fonds de Roulement Net Global (emploi net)	926 000

On retrouve la variation du FRNG calculée dans la question 2.

Évaluez-vous !

Dossier 1 noté sur 6,5 points

Question	Barème	Barème détaillé
1	6,5 pts	**1** pour chacune des 4 premières lignes du tableau **0,5** pour chacune des 5 lignes suivantes **NB :** pas de pénalisation pour les résultats faux en raison d'une erreur dans le solde précédent

Dossier 2 noté sur 8 points

Question	Barème	Barème détaillé
1	3 pts	**1** pour l'actif **2** pour le passif (exigence des amortissements et provisions dans les capitaux propres)
2	2 pts	**0,5** par résultat demandé (FRNG et BFR N et N–1)
3	3 pts	Question 3.1. : **0,5** par calcul demandé Question 3.2. : **1**

Dossier 3 noté sur 5,5 points

Question	Barème	Barème détaillé
1	1,5 pt	
2	4 pts	**0,5** pour chaque poste du tableau : dividendes, CAF, acquisitions, cessions, remboursement de dettes, augmentation des dettes **1** pour le calcul de la ressource nette

Calcul des coûts
(d'après sujets d'examen)

4

Entraînement

Vous effectuez une période d'essai dans un cabinet comptable installé à Fort-de-France en Martinique. L'expert-comptable vous confie deux dossiers : « Tropic Douceurs » et « Fournil Foyalais ».

Dossier 1. Tropic Douceurs

Installée au François, cette société fabrique des biscuits à base de vanille et de coco vendus dans les Antilles et en métropole. Vous devez étudier la rentabilité de l'exploitation du mois de mars.

➤ Travail à faire

1. Compléter le tableau de répartition des charges indirectes présenté en annexe 1.
2. Le comptable de la société a calculé les coûts d'achat (annexe 2).
2.1. À quel coût sont valorisées les sorties de stock ?
2.2. Quelle autre méthode aurait pu être pratiquée ? Quels montants de la chaîne de calcul des coûts auraient été modifiés ?
3. Le comptable a également calculé le coût de production des biscuits vanille non conditionnés (annexe 2).
3.1. Calculer le coût des biscuits conditionnés.
3.2. Présenter le compte de stock des paquets de biscuits vanille (valorisation des sorties au CUMP de fin de mois).
3.3. Calculer le coût de revient et le résultat sur les ventes de biscuits vanillés.

Dossier 2. Fournil Foyalais

Cette société domiciliée à Fort-de-France a pour objet la production et commercialisation de pains spéciaux et de viennoiseries, vendus dans sept points de vente. Le gérant souhaite mettre en place une comptabilité de gestion.

➤ Travail à faire

1. Compléter le tableau d'analyse des charges de l'annexe 3.
2. Analyse du résultat N.
2.1. En vous aidant des annexes 3 et 4, présenter le tableau de résultat par variabilité (tableau différentiel).
2.2. Calculer, en chiffre d'affaires, le seuil de rentabilité de l'exploitation.
3. Le gérant souhaite, pour les prochains exercices comptables, réaliser une analyse mensuelle des charges et du résultat. On considérera alors que 1/12 des charges fixes sont affectées à chaque mois d'exploitation. L'activité est irrégulière en raison des flux touristiques. Quelle analyse des charges conseillez-vous de pratiquer ?

Barème indicatif

Dossier 1.	12 points
Dossier 2.	8 points

Entraînement

Annexe 1. Tableau de répartition des charges indirectes en €
(réduit aux centres principaux après répartition secondaire)

	Approvisionnement	Pétrissage	Cuisson	Conditionnement	Administration
Total charges	1 156	416	1 120	2 304	2 154
UO ou taux de frais	Tonne achetée	Heure de fonctionnement	Heure de cuisson	Heure de MOD	Coût de P° des biscuits vendus
UO ou taux de frais					43 080
Coût UO ou taux de frais					

Annexe 2. Renseignements relatifs à la comptabilité de gestion du mois de mars

• Stocks au 1er mars

Farine : 1 tonne à 780 € la tonne
Beurre : 0,2 tonne à 3 690 € la tonne
Sucre : 0,5 tonne à 1 820 € la tonne
Coco : pas de stock

Vanille : 0,2 tonne à 3 760 € la tonne
Emballages : 37 000 paquets à 0,08 € l'un
Biscuits vanille : 2 000 paquets pour 2 728 €
Biscuits coco : 1 000 paquets pour 1 344 €

Achats du mois (quantités en tonnes)

	Farine			Beurre			Sucre			Coco		
	Q	CU	Montant	Q	CU	Montant	Q	CU	Montant	Q	CU	Montant
Achats	9	748	6 768	3,9	4 032	15 724,8	3,5	1 592	5 572	0,6	8 012	4 807,2
Ctre approv.	9	68	612	3,9	68	265,2	3,5	68	238	0,6	68	40,8
Coût d'achat	9	820	7 380	3,9	4 100	15 990	3,5	1 660	5 810	0,6	8 080	4 848

• Activité

Le mélangeur de l'atelier de pétrissage a fonctionné 130 heures et le four 200 heures.
Les ouvriers de l'atelier de pétrissage ont travaillé 320 heures ; leur rémunération (coût 24 € de l'heure, charges comprises) est une charge directe.
La production a été de 500 000 biscuits vanille et 300 000 biscuits coco.
Les ventes sont réalisées par paquet de 25 biscuits ; il a été vendu 18 500 paquets de biscuits vanille à 1,64 € le paquet et 11 000 paquets de biscuits coco.

Coût de production des biscuits non conditionnés

Éléments	Biscuits vanille			Biscuits coco		
	Qté	CU	Montant	Qté	CU	Montant
Farine	5	816,00	4 080,00	3	816,00	2 448,00
Beurre	2,5	4 080,00	10 200,00	1,5	4 080,00	6 120,00
Sucre	2	1 680,00	3 360,00	0,9	1 680,00	1 512,00
Vanille	0,1	3 760,00	376,00			0,00
Coco				0,6	8 080,00	4 848,00
Pétrissage	80	3,20	256,00	50	3,20	160,00
Cuisson	130	5,60	728,00	70	5,60	392,00
Coût production	500 000	0,038	19 000,00	300 000	0,0516	15 480,00

Annexe 3. Tableau de répartition des charges Fournil Foyalais, exercice N

Charges	Total	% Frais fixes
Services externes	16 850	60 %
Impôts et taxes	126 394	25 %
Charges personnel	947 870	10 %
Dotations	183 175	100 %
Charges financières	25 006	100 %

Annexe 4. Renseignements complémentaires Fournil Foyalais, exercice N

Chiffre d'affaires : 2 534 493 €.
Coût d'achat des marchandises vendues : 278 014 €.
Coût d'achat des matières et autres approvisionnements consommés : 668 237 €.

Calcul des coûts

Dossier 1. Tropic Douceurs

Bien réussir un exercice de comptabilité de gestion nécessite une bonne compréhension :
a - de l'activité de l'entreprise et des différentes phases de fabrication des produits,
b - de l'énoncé car les renseignements utiles à la solution sont souvent « éparpillés ».
La liaison entre les calculs de coûts et les tableaux d'inventaire permanent est décrite dans la fiche 37 de votre Plein Pot.

1. Tableau de répartition des charges indirectes

La nature de l'unité d'œuvre doit faire l'objet d'une attention toute particulière. Par exemple la « tonne achetée » n'est pas la même chose que la « tonne produite ».
Après s'être assuré(e) d'avoir bien compris le sens des termes utilisés pour les décrire, il faut chercher le nombre d'unités d'œuvre dans l'énoncé et parmi les différentes annexes.
La fiche 35 détaille les calculs relatifs au tableau de répartition des charges indirectes et notamment la résolution des prestations réciproques.

	Approvisionnement	Pétrissage	Cuisson	Conditionnement	Administration
Total charges	1 156,00	416,00	1 120,00	2 304,00	2 154,00
Nature de l'unité d'œuvre ou taux de frais	Tonne achetée	Heures de fonctionnement	Heure de cuisson	Heure de MOD	Coût de P° des biscuits vendus
Nombre d'unités d'œuvre	17 (1)	130 (2)	200 (2)	320 (2)	43 080
Coût de l'unité d'œuvre	68,00	3,20	5,60	7,20	0,05

(1) Tableau des achats : 9 + 3,9 + 3,5 + 0,6. (2) D'après annexe 2.

2. Valorisation des stocks

2.1 Méthode adoptée

Il s'agit de vérifier les coûts unitaires de la farine et du beurre proposés dans le tableau de calcul du coût de production des biscuits.
N'oubliez pas de présenter le détail et de justifier vos calculs.

On vérifie que le coût des matières incorporées au coût de production est égal au coût unitaire moyen pondéré de fin de mois :

Farine : $\text{CUMP} = \dfrac{780 + 7\,380}{1 + 9} = 816$ €

C'est le coût porté dans le calcul des coûts de production.

Beurre : $\text{CUMP} = \dfrac{(0{,}2 \times 3\,690) + 15\,990}{0{,}2 + 3{,}9} = 4\,080$ €.

2.2 Autre méthode possible

Ceci est une question de cours pour laquelle une réponse rédigée et construite sera appréciée.

Les sorties auraient pu être valorisées par la méthode Premier Entré Premier Sorti, également admise par le plan comptable ; les sorties portent en priorité sur les lots les plus anciens.
Cette méthode modifierait les coûts d'achat puis les coûts de production et de revient qui comprennent le coût des matières.

3. Calcul des coûts et des résultats

Une lecture attentive du texte a permis de souligner que la suite de l'exercice portait sur le calcul du coût des biscuits vanille conditionnés. Seule une partie des calculs relatifs au coût de production sera donc utile.
La révision de la fiche 37 rappellera que les coûts s'enchaînent.

3.1. Coût des biscuits conditionnés

Le coût des 500 000 biscuits est issu du tableau de calcul du coût de production.
Il y a 25 biscuits par paquet ; la production de 500 000 biscuits correspond à 20 000 paquets.
Le temps de MOD de conditionnement est de 320 heures pour 800 000 biscuits, soit, pour les biscuits vanille : (500 000 / 800 000) x 320 = 200 heures.

	Quantité	CU	Montant
Biscuits	500 000	0,038	19 000,00
Emballages	20 000	0,08	1 600,00
MOD conditionnement	200	24,00	4 800,00
Centre conditionnement	200	7,20	1 440,00
Coût des paquets	20 000	1,342	26 840,00

3.2. Compte de stock

La tenue des comptes de stocks est expliquée dans la fiche 36.
Le stock initial est fourni par l'énoncé. Le nombre des articles produits ainsi que le coût sont directement issus du tableau de calcul de coût précédent.
Les sorties de stocks de produits finis correspondent aux quantités vendues évaluées au CUMP.

Entrées	Q	CU	Montant	Sorties	Q	CU	Montant
Stock initial	2 000	1,364	2 728	Ventes	18 500	1,344	24 864
Production	20 000	1,342	26 840	Stock final	3 500	1,344	4 704
Total	22 000	1,344	29 568	Total	22 000	1,344	29 568

3.3. Coût de revient et résultat, biscuits vanille

Le coût de revient est nécessairement celui des quantités vendues.

	Quantité	CU	Montant
Coût de P° des ventes	18 500	1,344	24 864
Frais d'administration	24 864	0,05	1 243
Coût de revient	18 500	1,411	26 107
Chiffre d'affaires	18 500	1,610	30 340
Résultat	18 500	0,229	4 233

Corrigé de l'entraînement

Dossier 2. Fournil foyalais

1. Tableau d'analyse des charges

Le tracé du tableau d'analyse des charges n'est pas fourni. La lecture de la fiche 38 rappelle les définitions des notions de charges fixes et de charges variables. Le tableau est donc construit à partir de la ventilation des charges par nature en parts fixe et variable.

La vérification, total des charges fixes plus total des charges variables égal montant total des charges, permet de déceler les erreurs de calculs dans la répartition.

Charges	Charges totales	Charges fixes		Charges variables	
		%	Montant	%	Montant
Services externes	16 850	60 %	10 110,00	40 %	6 740,00
Impôts et taxes	126 394	25 %	31 599,00	75 %	94 796,00
Charges personnel	947 870	10 %	94 787,00	90 %	853 083,00
Dotations	183 175	100 %	183 175,00		
Charges financières	25 006	100 %	25 006,00		
Total			344 677,00		954 619,00

2. Analyse du résultat

2.1. Tableau de variabilité des charges

	Calculs	% du CA
Chiffre d'affaires	2 534 493,00	100 %
Coût des marchandises vendues	278 014,00	
+ Coût des matières consommées	668 237,00	
+ Autres charges variables	954 619,00	
= Coûts variables	1 900 870,00	75 %
Marge sur coûts variables	633 623,00	25 %
Coûts fixes	344 677,00	
Marge nette	288 946,00	

2.2. Seuil de rentabilité

$$\text{Seuil de rentabilité} = \frac{344\,677}{0{,}25} = 1\,378\,708 \text{ €}$$

3. Méthode d'analyse des charges

L'activité est irrégulière et le résultat mensuel ne doit pas être influencé par le niveau d'activité afin que le résultat calculé soit significatif de la qualité de la gestion. L'entreprise devra donc calculer les coûts en imputation rationnelle.

Cette méthode consiste à imputer pour chaque période les charges fixes en fonction du coefficient d'activité égal au rapport $\frac{\text{Activité réelle}}{\text{Activité normale}}$.

Corrigé de l'entraînement

Évaluez-vous !

Dossier 1 noté sur 12 points

Question	Barème	Barème détaillé
1	2,5 pts	**1** pour le centre « approvisionnement » **0,5** pour chacun des centres « pétrissage », « cuisson », « conditionnement »
2	1 pt	**0,5** pour le CUMP et **0,5** pour la méthode PEPS
3	8,5 pts	Question 3.1. : **4 pts** (1 par ligne du tableau de calcul des coûts) Question 3.2. : **1** Question 3.3. : **3,5 pts :** **1** pour le coût de production des ventes ; **1,5** pour les frais d'administration ; **1** pour le calcul du résultat

Dossier 2 noté sur 8 points

Question	Barème	Barème détaillé
1	2 pts	**1** pour le total CV et **1** pour le total CF
2	5 pts	**1** pour le CA ; **1** pour les CV et la marge sur CV **1** pour le calcul de la marge nette à partir de la MVF et des CF **2** pour le seuil de rentabilité
3	1 pt	Exigence : citer la méthode d'imputation rationnelle

5 Gestion prévisionnelle

La société TUEDA fabrique du matériel de camping. Actuellement elle achète la toile servant à la fabrication des tentes ; elle envisage un investissement lui permettant de fabriquer cette toile. Elle souhaite s'assurer de la rentabilité de cet investissement et de sa capacité à le financer.

DOSSIER 1. RENTABILITÉ D'INVESTISSEMENT

L'équipement a un coût de 440 000 € hors taxes et sa durée probable d'utilisation est de cinq ans. L'entreprise ne ferait alors plus appel au sous-traitant qui la fournit actuellement en toile, mais supporterait des charges d'exploitation.
Les caractéristiques financières de ce projet sont indiquées en annexe 1.

➤ Travail à faire

1. Vérifier le montant de la valeur actuelle nette. Conclure quant à l'opportunité du projet.
2. Choix entre acquisition et détention en crédit-bail. Comparer ces deux moyens d'obtenir des immobilisations.

DOSSIER 2. ÉTUDE PRÉVISIONNELLE DE TRÉSORERIE

L'entreprise a finalement choisi la solution du crédit-bail ; la redevance mensuelle sera de 10 000 € (montant hors taxes). Vous êtes chargé de terminer le budget de trésorerie partiellement élaboré par le comptable (pour le 1er semestre).
Vous disposez :
- en annexe 2, des états prévisionnels élaborés par le comptable ;
- en annexe 3, des informations permettant de terminer l'étude prévisionnelle de trésorerie.

➤ Travail à faire

1. Retrouver les conditions de paiement consenties aux clients. Expliquer l'origine des encaissements de la ligne « créances ».
2. Justifier les montants de TVA décaissée portés dans le budget de TVA.
3. Présenter le budget des décaissements puis le budget de trésorerie. Commenter l'évolution de la trésorerie : quelles mesures suggérez-vous ?

BARÈME INDICATIF

Dossier 1.	6 points
Dossier 2.	14 points

Annexe 1. Données financières du projet

Coût annuel de la sous-traitance : 180 000 €.
Charges d'exploitation liées au nouvel équipement (hors dotations aux amortissements) : 60 000 €.
Taux d'actualisation retenu pour le calcul de la VAN : 10 %.
Valeur actuelle nette : 14 894,40 €.

Lorsqu'elle utilise le critère du TRI l'entreprise accepte tous les investissements dont le TRI est supérieur à 9 % (rentabilité moyenne de ses capitaux).
Le directeur financier de la société TUEDA hésite entre une acquisition financée par emprunt et la détention grâce à un contrat de crédit-bail.

Annexe 2. Budgets élaborés par le comptable (en €)

Budget des encaissements sur ventes

	Montants	Janvier	Février	Mars	Avril	Mai	Juin
Créances	580 000	280 000	300 000				
Ventes TTC							
Janvier	482 400	72 360	313 560	96 480			
Février	482 400		72 360	313 560	96 480		
Mars	699 480			104 922	454 662	139 896	
Avril	844 200				126 630	548 730	168 840
Mai	904 500					135 675	587 925
Juin	904 500						135 675
Encaissements		352 360	685 920	514 962	677 772	824 301	892 440

Budget de TVA

	Janvier	Février	Mars	Avril	Mai	Juin
TVA collectée	79 055	79 055	114 630	138 347	148 229	148 229
TVA sur achats	27 440	27 440	39 200	39 200	49 000	49 000
TVA sur autres charges	17 640	17 640	17 640	17 640	17 640	17 640
TVA sur investissement						
TVA à décaisser	33 975	33 975	57 790	81 507	81 589	81 589
TVA décaissée	67 000	33 975	33 975	57 790	81 507	81 589

Annexe 3. Informations nécessaires à la prévision de trésorerie

- Toutes les opérations sont soumises au taux de TVA de 19,60 %.

Montant des achats

	Janvier	Février	Mars	Avril	Mai	Juin
Achats HT	140 000	140 000	200 000	200 000	250 000	250 000

Les achats sont payés 50 % à 30 jours fin de mois et 50 % à 60 jours fin de mois.

- Charges externes mensuelles :
- redevance de crédit-bail (dont nouvel équipement) : 50 000 € HT ;
- autres charges externes : 40 000 € HT.

Ces charges sont payées le mois même.

- Charges de personnel :
- salaires nets payés le 30 du mois : 120 000 € par mois de janvier à mars ; 135 000 € par mois d'avril à juin,
- charges sociales payées le 15 du mois suivant : 80 % du salaire net.
- Extrait du bilan au 1er janvier :
- dettes sur achats : 240 000 € payables pour moitié en janvier et moitié en février ;
- charges sociales à payer en janvier : 96 000 € ;
- TVA à décaisser décembre : 67 000 €.
- Règlements au titre de l'IS : 36 000 € en mars et 42 000 € en mai.

5 Gestion prévisionnelle

Dossier 1. Rentabilité d'investissement

1. Étude de la valeur actuelle nette

Les choix d'investissement par la méthode de la valeur actuelle nette demandent une bonne compréhension des éléments fournis par le sujet. Il faut repérer :
- les sommes supplémentaires encaissées et décaissées dues à l'investissement étudié,
- les dates auxquelles seront réalisés les encaissements et les décaissements.
Souvent, un axe des temps avec les sommes correctement positionnées permet de mieux visualiser l'ensemble du problème (voir fiche 14**).**

1.1 Évaluation du projet par la VAN

Il faut comparer le coût de l'investissement (440 000 €) aux économies qu'il permet de réaliser, en actualisant celles-ci au taux de 10 %.
Économie annuelle = Coût de sous-traitance – Charges d'exploitation de l'équipement
= 180 000 – 60 000 = 120 000 €.

$$\text{Valeur actuelle nette} = -\,440\ 000 + 120\ 000\ \frac{1-(1{,}10)^{-5}}{0{,}10} = 14\ 894{,}40\ €.$$

Conclusion : au taux de 10 %, le projet d'investissement est rentable. Il doit être réalisé.

2. Comparaison entre l'acquisition et le crédit-bail

Ceci est une question de cours. La réponse doit être correctement rédigée, en utilisant des phrases complètes et bien structurées.
Le bien acquis par l'entreprise figure à l'actif du bilan et il est amorti.
Le bien loué en crédit-bail ne deviendra un bien de l'entreprise qu'à la condition d'une levée d'option en fin de contrat. Les redevances de crédit-bail sont comptabilisées en charges.

Dossier 2. Étude prévisionnelle de trésorerie

1. Conditions de paiement consenties aux clients

Il s'agit de décrire les règles de composition du budget de trésorerie. Les éléments de réponses sont à retrouver d'après les montants portés au budget. Appuyez-vous :
- sur la fiche 43 **de votre Plein Pot ;**
- sur les exercices effectués en cours d'année qui vous rappellent que les règlements clients et fournisseurs bénéficient généralement de délais.

On calcule le pourcentage des ventes d'un mois réglées le mois même, à 30 jours et à 60 jours. En se basant sur les ventes de janvier :

- % de ventes payées comptant = $\frac{72\ 360}{482\ 400} \times 100 = 15\ \%$;

- % de ventes payées comptant = $\frac{313\ 560}{482\ 400} \times 100 = 65\ \%$;

- % de ventes payées comptant = $\frac{96\ 480}{482\ 400} \times 100 = 20\ \%$.

La première ligne du budget correspond aux encaissements de créances sur les ventes de novembre et décembre N-1.

2. Budget de TVA

Le budget de TVA est le premier tableau qui compose l'enchaînement jusqu'au budget de trésorerie. La TVA est calculée sur des montants de ventes et d'achats hors taxes.
Le montant de la TVA à décaisser calculé en dernière ligne du budget de TVA ne doit pas être oublié lors du report sur le budget des décaissements.

La TVA à décaisser de chaque mois est calculée par différence entre la TVA collectée et la TVA déductible du mois.
La TVA collectée est égale à 19,60 % des ventes hors taxes ; ainsi pour janvier :
Ventes hors taxes = 482 400 / 1,196 = 403 344 € ;
TVA collectée = 400 x 19,6 % = 79 055 €.
La TVA déductible est calculée sur les achats (en janvier : 140 000 x 19,6 % = 27 440 €) et sur les autres charges externes : (50 000 + 40 000) x 19,60 % = 17 640 €.

Cette TVA est payée avec un décalage d'un mois ; en janvier l'entreprise paye la TVA due au titre de décembre (extrait du bilan : 67 000 €) et en février, la TVA à décaisser de janvier.

3. Budget de trésorerie

Pour être correctement complété, le budget des décaissements doit répondre à deux règles :
- les sommes payées sont toujours des montants toutes taxes comprises ;
- les amortissements et les provisions ne constituent pas des charges décaissées, ce sont des charges calculées (voir fiches relatives à l'inventaire).
Vérifiez, au fur et à mesure que vous complétez vos tableaux, la vraisemblance des sommes reportées.

Budget des décaissements

	Montants	Janvier	Février	Mars	Avril	Mai	Juin
Dettes	240 000	120 000	120 000				
Achats TTC							
Janvier	167 440		83 720	83 720			
Février	167 440			83 720	83 720		
Mars	239 200				119 600	119 600	
Avril	239 200					119 600	119 600
Mai	299 000						149 500
Juin	299 000						
Décaissement/Achats		120 000	203 720	167 440	203 320	239 200	269 100
Charges externes TTC		107 640	107 640	107 640	107 640	107 640	107 640
Charges de personnel		120 000	120 000	120 000	135 000	135 000	135 000
Charges sociales		96 000	96 000	96 000	96 000	108 000	108 000
Règlement TVA		67 000	33 975	33 975	57 790	81 507	81 589
Règlement impôt				36 000		42 000	
Somme décaissements		510 640	561 335	561 055	599 750	713 347	701 329

Corrigé de l'entraînement

• Budget de trésorerie

Il reprend principalement les éléments calculés dans les budgets des encaissements et des décaissements.

	Janvier	Février	Mars	Avril	Mai	Juin
Somme encaissements	352 360	685 920	514 962	677 772	824 301	892 440
Somme décaissements	510 640	561 335	561 055	599 750	713 347	701 329
Flux net trésorerie	−158 280	124 585	−46 093	78 022	110 954	191 111
Trésorerie début mois	48 000	−110 280	14 305	−31 788	46 234	157 188
Trésorerie fin mois	−110 280	14 305	−31 788	46 234	157 188	348 299

• Mesures suggérées : les découverts sont dus au caractère saisonnier de l'activité (faiblesse des ventes en hiver).

L'entreprise doit négocier des crédits à court terme auprès de sa banque (crédits dits « de campagne »).

Évaluez-vous !

Dossier 1 noté sur 6 points

Question	Barème	Barème détaillé
1	**3 pts**	**1,5** pour retrouver l'économie annuelle **1,5** pour donner le calcul de la VAN
2	**3 pts**	**1,5** pour la déductibilité de la dotation **1,5** pour la déductibilité de la redevance de crédit-bail

Dossier 2 noté sur 14 points

Question	Barème	Barème détaillé
1	**2 pts**	
2	**2 pts**	**1** pour indiquer le calcul de la TVA collectée et de la TVA déductible **1** pour le décalage de règlement
3	**8 pts**	Budget des décaissements : **1** pour les décaissements sur achats, **1** pour les charges externes TTC et **0,5** pour chacune des 4 lignes suivantes. Budget de trésorerie : **1,5** pour le flux net et **1,5** pour la trésorerie de début de mois. Mesures à prendre : **1** (exigence : citer l'autorisation de découvert).

Informatique de gestion (d'après sujets d'examen)

L'entreprise CENTRELAIT installée dans le Massif central assure la production et la distribution de produits laitiers. Elle possède de nombreuses immobilisations dont elle souhaite assurer la gestion par l'utilisation d'un système de gestion de bases de données relationnelles.

Le schéma conceptuel des données correspondant à cette gestion est présenté en annexe 1.

➤ Travail à faire

1. Quelles sont les entités présentées dans le schéma conceptuel ? Quel est l'identifiant de chaque entité ?

2. Compléter l'annexe 2 afin d'expliquer la signification des cardinalités du modèle.

3. Compléter les relations « Immobilisation », « Service » et « Affecter » du modèle relationnel (annexe 3). Rappeler la signification d'une clé étrangère.

4. Exprimer, en complétant l'annexe 4, le schéma de la requête « liste des immobilisations » acquises en 2002 (annexe 4).

BARÈME INDICATIF

20 points

Annexe 1. Modèle conceptuel des données

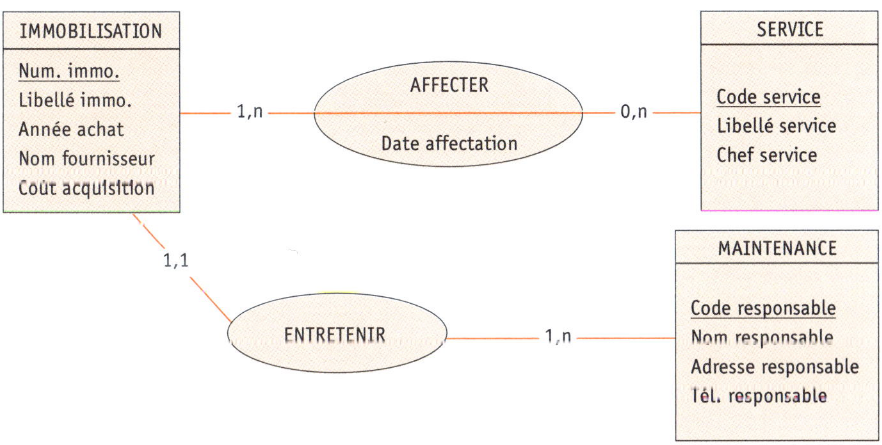

Annexe 2. Cardinalités du modèle

Cardinalité à expliquer		Explication
Immobilisation à Service	1,n	
Service à Immobilisation	0,n	
Immobilisation à Maintenance	1,1	
Maintenance à Immobilisation	1,n	

Annexe 3. Schéma relationnel

Maintenance (Code responsable, Nom responsable, Adresse responsable, Tél. responsable)

Immobilisation (Num immo, Libellé immo, ...)

Service (....)

Affecter (....)

Annexe 4. Schéma de la requête

Liste des immobilisations acquises en 2002 comprenant l'identification complète de l'immobilisation ainsi que le nom du responsable de la maintenance et son numéro de téléphone. Classement selon l'année d'achat, de la plus ancienne à la plus récente.				
Tables	**Critère de jointure**	**Critère de sélection**	**Attributs projetés**	**Critère de tri**

Les éléments relatifs au modèle conceptuel de données sont décrits dans les fiches 44 et 45. L'analyse d'un modèle conceptuel nécessite une bonne compréhension de l'activité de l'entreprise étudiée et donc une lecture attentive de l'énoncé.

1. Entités et identifiants

Cette question permet au candidat de porter son attention sur les entités qui composent le MCD. Cette étude facilite les réponses aux questions suivantes.

Les entités sont représentées dans le modèle conceptuel par des rectangles ; le nom de l'entité est porté en lettres capitales et l'identifiant est souligné. Le modèle comprend donc trois entités :

- Immobilisation → Identifiant « Num. immo. »
- Service → Identifiant « Code service ».
- Maintenance → Identifiant « Code responsable ».

2. Signification des cardinalités

La difficulté principale pour justifier les cardinalités réside dans la tournure donnée aux phrases explicatives.

Une relecture attentive de ses réponses permettra au candidat de relever :
- les phrases incorrectes ;
- les phrases dont le sens est incertain voire incompréhensible.

Cardinalité à expliquer		Explication
Immobilisation à Service	1,n	Une immobilisation est affectée à un service au moins (1) et peut être affectée à plusieurs services (n)
Service à Immobilisation	0,n	Un service peut disposer d'aucune immobilisation (0) ou de plusieurs immobilisations (n)
Immobilisation à Maintenance	1,1	À une immobilisation, correspond un responsable de maintenance et un seul
Maintenance à Immobilisation	1,n	Chaque responsable de maintenance entretient une à n immobilisations

3. Schéma relationnel

La question du modèle relationnel des données est traitée dans la fiche 46 de votre Plein Pot.

Les règles principales de construction sont les suivantes :
- toutes les entités du MCD deviennent des relations ;
- les associations hiérarchiques du MCD donnent naissance à des clés étrangères dans les relations ;
- les associations non hiérarchiques deviennent des relations.

Maintenance (<u>Code responsable</u>, Nom responsable, Adresse responsable, Tél. responsable).
Immobilisation (<u>Num. immo.</u>, Libellé immo., Année achat, Nom fournisseur, Coût acquisition, Code responsable #).
Service (<u>Code service</u>, Libellé service, Chef service).
Affecter (<u>Num immo, Code service</u>, Date affectation).

La clé étrangère traduit une contrainte d'intégrité : à une immobilisation correspond un et un seul responsable de maintenance.

4. Schéma de requête

La question des requêtes et du schéma des requêtes est traitée dans la fiche 47.

Liste des immobilisations acquises en 2002 comprenant l'identification complète de l'immobilisation ainsi que le nom du responsable de la maintenance et son numéro de téléphone. Classement selon l'année d'achat, de la plus ancienne à la plus récente.

Tables	Critère de jointure	Critère de sélection	Attributs projetés	Critère de tri
IMMOBILISATION MAINTENANCE	Code responsable	Année achat = 2002	Num. immo. Libellé immo. Nom fournisseur Coût acquisition Nom responsable Tél. responsable	Année achat Ordre croissant

Évaluez-vous !

Dossier noté sur 20 points

Question	Barème	Barème détaillé
1	4 pts	**1** pour la liste des entités **1** par identifiant cité
2	6 pts	**1,5** par cardinalité justifiée
3	5 pts	**1** pour chacune des relations « maintenance », « immobilisation », « service »; **2** pour la relation « affecter »
4	5 pts	**3** pour la jointure avec indication des tables et du critère de jointure **1** pour la projection (avec liste des attributs) **1** pour le critère de tri

Touraine Compo – CTP
Éditions Foucher – Paris – N° d'éditeur 20933 – Mars 2002 – 02 – DF–L–DF / EG

Normandie Roto Impression s.a., 61250 Lonrai – N° d'impression : 02-0438 – *Imprimé en France*